Adrien MARX

Rives bénies

Préface par André Theuriet

De Marseille à Naples

PARIS
Ancienne Maison Quantin
LIBRAIRIES-IMPRIMERIES RÉUNIES
May et Motteroz, Directeurs
7, rue Saint-Benoît, 7

RIVES BÉNIES

DE MARSEILLE A NAPLES

Adrien MARX

RIVES BÉNIES

DE MARSEILLE A NAPLES

PRÉFACE

PAR

ANDRÉ THEURIET

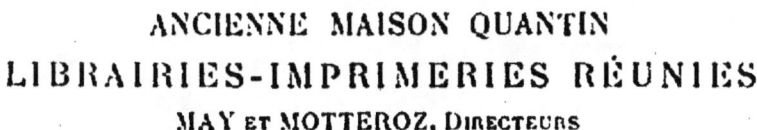

PARIS

ANCIENNE MAISON QUANTIN
LIBRAIRIES-IMPRIMERIES RÉUNIES
MAY et MOTTEROZ, Directeurs
7, RUE SAINT-BENOIT, 7

A SON ALTESSE SÉRÉNISSIME

LA

PRINCESSE ALICE DE MONACO

En daignant accepter la dédicace de ce modeste volume, Votre Altesse Sérénissime témoigne d'une bonté pareille à celle des Reines qui tiennent d'obscurs nouveau-nés sur les fonts baptismaux... Si l'auteur des pages suivantes ne craignait de heurter par une phrase louangeuse le goût affiné et l'esprit délicat de la Princesse Alice de Monaco, il ajouterait, Madame, qu'en l'occurrence, votre haut patronage n'est, en soi, qu'un acte de justice... Car le chantre des enchantements de la principauté possède des droits indiscutables à l'appui de Celle que la Providence réservait à ses rives odorantes et ensoleillées, comme un charme suprême et une grâce inespérée.

ADRIEN MARX.

Paris, octobre 1895.

PRÉFACE

On ne devrait visiter certains pays que lorsqu'on est assuré de pouvoir y retourner dès que la fantaisie vous en prendra ; ils nous imprègnent tellement de leur grâce pénétrante et de leur inoubliable beauté que la privation de les revoir nous devient une cruelle torture. Ainsi, Venise, les bords du lac d'Annecy et surtout la côte d'Azur, entre Nice et Menton. — Par ce pluvieux été de la Saint-Martin où les brumes grises ne nous laissent apercevoir, de loin en loin, un coin d'azur que pour nous en donner plus amèrement le regret, la moindre allusion aux choses du pays niçois, un entrefilet du journal, une lettre reçue de là-bas, moins que cela, le nom d'un village du littoral, prononcé par hasard, suffisent pour développer en moi la nostalgie du pays bleu. Je me trouve dans un état d'esprit identique à celui du poète Brizeux, entendant les cornemuses bretonnes sonner les mêmes airs que la *piva* romaine, et je suis tenté de m'écrier comme lui :

. . . . Levez-vous, pays d'or!
Et la rouge Sabine et l'Italie entière
Éblouissent mes yeux avides de lumière.

Cette sensation de regret et de désir, je l'éprouve encore plus fortement ce matin, après avoir lu un livre qui va paraître sous le titre de *Rives bénies*, et dont l'auteur a bien voulu me communiquer les bonnes feuilles. Cette lecture m'a fait revivre avec intensité les glorieuses matinées de soleil où je flânais le long de la route de Villefranche, que bordent des villas fleuries de roses et d'héliotropes. Je revoyais avec délices le divin paysage qu'on découvre à un certain tournant du chemin : — la mer céruléenne coupée soudain par la croupe du cap Ferrat, reparaissant comme un lac entre la côte verdoyante de Beaulieu et l'oblique presqu'île de Saint-Hospice, puis, au delà de cette verte ceinture, se déroulant, éblouissante, jusqu'à la pointe rosée de Bordighera. — L'hallucination se continuait. Je longeais le sentier qui va de Beaulieu à Saint-Jean, en côtoyant la rive où la vague saute contre les rochers et jette son écume blanche jusque sur le sable du chemin. J'oubliais les heures sous les olivettes de Saint-Jean, où le paysage a un caractère quasi virgilien, où les villas rustiques, avec leur pressoir d'huile et leur citerne à ciel découvert, inclinent en pente douce leurs vergers de citronniers mêlés à des champs d'œillets et de narcisses. Je respirais des odeurs marines et des senteurs d'herbes aromatiques. J'entendais la chute cadencée des rames, les cris des pêcheurs se hélant à la sortie du petit port... Tout à coup, en jetant les yeux sur ma fenêtre froidement éclairée par un jour maussade, je percevais à travers le brouillard le mélancolique tournoiement des feuilles tombantes. Je songeais que j'étais condamné à passer le mois de décembre loin du réchauffant soleil de Nice, et j'en voulais presque à l'écrivain de m'avoir procuré cette traîtresse hallucination, au sortir de laquelle l'impression du ciel gris et de la bruine me semblait plus pénible encore.

L'auteur des *Rives bénies* n'est pas un descriptif : c'est, avant tout, un amateur de plein air, un chasseur et un pêcheur émérite, qui conte avec bonne humeur ses courses dans la montagne et ses flâneries halieutiques

dans la Méditerranée. Il y a dans son livre le
récit d'une pêche aux oursins à Beaulieu, et
d'une chasse au lièvre à travers les rochers
du col de Tende, que je recommande à tous
ceux qui sont friands de ces genres de sport.
On y est; on a la sensation âpre du vent d'Est
soufflant sur les hauts sommets, et aussi la
sensation plus douce du bercement de la
barque sur une mer tiède, tandis que le soleil
monte « radieux dans l'éther rose ». On res-
pire la savoureuse odeur des bouillabaisses
improvisées; on assiste aux émouvantes pé-
ripéties de la pêche aux langoustines, lorsque
ces crustacés se débattent dans le verveux,
dont la place est indiquée par une branche
d'oranger en fleurs flottant sur la mer.
M. Adrien Marx a le don de la mise en scène.
En deux ou trois coups de crayon, il campe
un personnage. Ses croquis de pêcheurs, de
porteurs de carnier et de braconniers monta-
gnards sont singulièrement vivants et colo-
rés. Avec un mot juste, un détail finement

observé, il donne l'impression très nette du paysage.

Je crois qu'on commence à revenir de cette méthode littéraire qui, sous prétexte d'impressionnisme ou de psychologie, consiste à décrire par le menu un coin de nature ou un état d'âme. Ce qu'on demande à un écrivain vraiment artiste, ce ne sont pas de subtiles et fatigantes analyses, ni des accumulations de détails souvent diffuses : c'est l'expression géniale suggestive et lumineuse des sentiments ou des sensations qu'il veut faire partager à son lecteur.

Oh! le choix du mot juste, la touche nette et vive qui, comme une magique clé d'or, ouvrent la porte de la pensée ou de l'imagination, voilà les trouvailles qui enchantent le public et lui donnent une exquise jouissance d'art. Il se soucie peu des virtuosités du style descriptif ou des analyses laborieusement compliquées; mais il nous est reconnaissant du magistral et sobre trait de lumière qui le fait pénétrer dans l'âme des personnes ou dans l'âme des choses.

Quand la *Magicienne*, de Théocrite, s'écrie : « La mer se tait, les vents se taisent, mais non le désespoir au fond de mon cœur »;

Quand Racine fait dire à Antiochus, dans *Bérénice* :

> Depuis cinq ans entiers, chaque jour je la vois
> Et crois toujours la voir pour la première fois;

Lorsque Victor Hugo murmure :

> Toutes nos passions s'éloignent avec l'âge,
> L'une emportant son masque et l'autre son couteau,
> Comme un essaim chantant d'histrions en voyage
> Dont le groupe décroît derrière le coteau.

Ces trois maîtres, en quelques vers, ne nous donnent-ils pas de la passion, sous ses aspects douloureux, tendres ou mélancoliques, une conception plus suggestive que ne pourraient le faire toutes les subtilités de la psychologie à la mode ?

Ce que je viens de dire de la peinture des états d'âmes s'applique à plus forte raison à la description des paysages, puisque, selon le mot d'Amiel, « le paysage est aussi un état d'âme ». L'émotion et le charme que nous avons éprouvés en face de la nature, il faut que nous arrivions à les faire passer dans l'esprit du lecteur. A cette condition, seulement, il verra à son tour le paysage qui nous a donné une secousse intellectuelle ou morale. Pour produire ce phénomène de suggestion, il n'est pas besoin d'une longue accumulation de détails, même exacts; il faut trouver les expressions évocatrices, seules capables d'ouvrir les fenêtres de l'imagination et du rêve. C'est cette trouvaille qui constitue le talent ou le génie de l'écrivain.

Un seul vers suffit à La Fontaine pour rendre la fraîche impression d'une rivière limpide courant à pleins bords dans la largeur des prés :

L'onde était transparente ainsi qu'aux plus beaux jours.

Lorsque je lis, dans la fable du *Jardinier et son Seigneur*, ces quatre vers :

> Il avait de plant vif fermé cette étendue :
> Là croissaient à plaisir l'oseille et la laitue ;
> De quoi faire à Margot pour sa fête un bouquet,
> Peu de jasmin d'Espagne et force serpolet ;

j'ai immédiatement la vision complète d'un jardin de paysan, comme il en existe beaucoup dans nos villages de l'Est, et comme j'en rencontre encore parfois quelques-uns dans la banlieue parisienne, entre Châtenay et Verrières. De même, quand Homère dit : « *Oinopa ponton*, la mer couleur de vin », je revois aussitôt dans mon souvenir la magnificence de certains soleils couchants de la baie des Anges, à Nice, où la mer teinte des pourpres de l'Occident ressemblait à une immense coulée de vin de Chypre généreux et vermeil.

Ceci me ramène au pays du soleil et au livre de M. Adrien Marx, qui m'a remis au cœur la nostalgie des rives bleues du littoral.

Décidément, je lui suis reconnaissant de l'avoir écrit. S'il m'a donné le regret de ces « Rives bénies » d'où je suis momentanément exilé, il m'en a du moins donné l'illusion — la précieuse, la puissante et divine Illusion, dont sont faites la plupart de nos joies humaines.

ANDRÉ THEURIET.

AVANT-PROPOS

Trente-cinq ans se sont écoulés depuis le jour où — sous l'empire d'une curiosité éveillée par des descriptions particulièrement troublantes pour un écrivain de vingt ans — je débarquais en Provence... J'en suivis d'abord les côtes à petites journées, dégustant les points de vue à la façon des gourmets qui boivent à courtes gorgées les vins qu'ils préfèrent. De surprises en ravissements, j'arrivai à Monaco, où je demeurai tout le temps que j'entendais consacrer à mon voyage en Italie — si bien que je regagnai Paris sans avoir foulé le territoire sur lequel le signor Crispi ne régnait pas encore!... Mû, davantage, par les enchantements et les états d'âme ressentis sur

ces plages embaumées que par les exigences et les instincts professionnels, j'écrivis, pour moi, dans mon journal intime, des réflexions qui, tout à l'heure, sommeillaient au fond d'un tiroir !...
Il m'a paru piquant de placer ces notes — vieilles de près de cinq lustres — en tête d'un recueil où sont consignées des impressions d'hier... J'estime — qu'en dépit de leur forme relâchée, fantaisiste, anecdotique, familière et un brin outrée — elles montreront — par comparaison — l'action et l'influence du temps et des hommes, sur une contrée où le sol valait — à l'époque où j'y vins pour la première fois — quelques centimes le mètre et où l'on vivait, en nabab, moyennant un écu par jour !

Ce rapprochement divise mon livre en deux parties distinctes : *Autrefois* et *Aujourd'hui*. Puisse le lecteur y trouver — à défaut d'autres contentements — l'intérêt que présentent les portraits d'une « Illustration » quelconque, pris à des époques diverses de son existence !

AUTREFOIS

RIVES BÉNIES

DE MARSEILLE A NAPLES

Monaco, janvier 186...

Lorsque, étudiant en médecine, j'habitais, au quartier latin, l'hôtel des Grès, d'orageuse mémoire, je jetais régulièrement deux sous à une pauvresse qui s'en venait, tous les jeudis, chanter dans la cour de mon domicile une romance commençant ainsi :

> Tu fumeras ta cigarette
> Dans les grands bois de citronniers !

Comme la virtuose regardait obstinément ma fenêtre en dégoisant ce distique prometteur, je m'imaginai que sa cavatine n'était autre qu'une prédiction à mon endroit et je me surpris plus d'une fois, murmurant après son départ :

— Il paraît que je fumerai ma cigarette dans des grands bois de citronniers !

Si j'exhume ce souvenir entre d'autres souvenirs, c'est que la prophétie de la chanteuse s'est réalisée — c'est qu'à l'heure où je trace ces lignes, mes lèvres pressent amoureusement une cigarette dont la fumée monte dans les rameaux d'un citronnier colossal, au pied duquel je suis couché, à la façon de Tityre.

Perdu au plus épais du *grand bois* annoncé, je tâche de fixer mes idées, mes sensations ou mes enthousiasmes sur mon carnet... mais des accidents mignons surviennent qui m'en empêchent. Tantôt, c'est une orange qui se détache des branches d'alentour, et foule dans sa chute les violettes épanouies sur le sol; tantôt, c'est une guêpe qui en veut aux jonquilles de mon teint; tantôt, c'est mon voisin — un aloès monstrueux — qui enfonce ses griffes dans mon pourpoint de coutil; tantôt, enfin, c'est Phœbus qui, pour

m'aveugler, troue mon berceau parfumé de ses
flèches d'or!

Bref, je suis à Monaco, sur un promontoire
aimé de la Providence, loin des nullités tapa-
geuses, loin de la boue, loin des souhaits men-
teurs, loin des cartes de visite — près de tout ce
qu'il y a de vrai et de beau en ce monde, près
de la lumière, près des fleurs, près de la Méditerranée!

Arrivé avant-hier matin, à dix heures, on m'a
donné, à l'hôtel de Paris, une chambrette dont
la croisée s'ouvre sur le large; j'ai voulu tout de
suite *voir la vue* et j'ai poussé un cri d'admiration… A vingt pas de moi, entre deux palmiers,
m'est apparue la mer — une mer étonnante, dont
le bleu tranche sur l'azur ensoleillé d'un ciel limpide. En me penchant un peu, j'ai aperçu la
lame qui déferlait à intervalles égaux et caden-
cés contre les assises du roc, en haut duquel
l'auberge est juchée. Cinquante mètres me sépa-
raient du fond de l'abîme, et pourtant, il m'a
semblé qu'avec un peu de bonne volonté, je par-
viendrais à fouetter de mes mains l'écume des

vagues et à favoriser la marche des barques du golfe, en soufflant dans leurs voiles triangulaires.

Croirait-on qu'au sein de cette atmosphère balsamique, et en face de ce panorama saisissant, croirait-on que certaines natures persistent dans le prosaïsme et dans la gouaillerie? — Hier nous avons, — deux confrères et moi, — opéré l'escalade d'un rocher, des fentes duquel émergent les lances charnues de mille plantes grasses. L'aîné de mes camarades d'ascension s'est arrêté devant un cactus gigantesque, et m'a demandé « *si ça se mange à la poivrade, quand c'est petit ?* »

L'autre s'est assis sur un tertre, près d'un massif de citronniers au tronc noueux.

Sous l'effort de la brise, un citron ayant quitté sa tige pour tomber sur ses genoux, il s'en est emparé d'un air satisfait; et comme nous le priions de nous suivre sans retard :

— Un instant, nous dit-il, j'attends les huîtres!

Je ne compte pas vous décrire les merveilles du pays, ni ses ressources, ni la douceur de son climat. Pour vous édifier sur ce point, lisez les pages charmantes consacrées par mon éloquent ami Gonzalès à ce paradis — tel aujourd'hui qu'il le vit il y a dix ans. Ainsi que mon confrère, je tiens pour le plus heureux souverain du globe le prince qui règne sur cette langue de granit, et je laisse à d'autres le soin de railler ses canons oisifs, ses boulets rouillés, et sa milice clairsemée. J'estime que les engins belliqueux — quels qu'ils soient — sont déplacés sur un rivage où les ennemis les plus redoutables sont les papillons et les moustiques. A-t-on, d'ailleurs, besoin de soldats là où la rébellion et l'ambition sont inconnues ? Faut-il un arsenal dans une ville où les moyens de défense se réduisent à un flacon d'ammoniaque ? Que faire de gendarmes dans une contrée vierge de méfaits ?

Qu'on me permette, à ce sujet, de relater la fable badine que Scholl nous disait l'autre soir sous les mimosas d'une « Réserve » :

Un forçat s'échappa du bagne de Toulon. Après avoir erré quelque temps à travers les montagnes de l'Estérel, il se réfugia dans les ravins des environs de la Turbie, village qui domine directement Monaco. Là, ses instincts sanguinaires reprirent le dessus et il occit un Monégasque en train de récolter des olives dans son champ.

Un chevrier, perché sur la crête d'un mont voisin, suivit cette scène, et donna l'alarme; le forçat fut arrêté et mis aussitôt en jugement.

C'est ici que les difficultés commencent à poindre; il n'y avait point de juges; il en fallut nommer pour ce cas exceptionnel, et le coupable fut, en première instance, condamné à mort. Mécontent de ce verdict légèrement vif, il en appela. Nécessité d'instituer une cour de cassation. Finalement, l'homicide en fut quitte pour une réclusion perpétuelle. Sur le point d'appliquer au délinquant la peine qu'on lui avait infligée, les magistrats se trouvèrent fort empêchés, car il n'y avait point de prison à Monaco. Ils communiquèrent leur embarras aux municipes qui se grattèrent le bout du nez et se tinrent le raisonnement suivant :

« Nous allons être obligés de construire une bastille, d'y entretenir un geôlier, d'y nourrir — dans un milieu apéritif — un gaillard naturellement doué d'un joli appétit. Tout ça n'est pas gai.

En outre, les bastilles reviennent assez cher;... il est vrai que nous avons céans le marbre pour rien. Mais qui sait? le monstre assassinera peut-être son gardien; il faudra cette fois créer une charge de bourreau, construire un échafaud. On nous opposera que nous avons du bois d'oranger à ne savoir qu'en faire... Enfin, c'est bien du tintouin... Ma foi! nous préférons envoyer l'assassin faire ses farces ailleurs. »

Le tribunal opina du bonnet.

Et il dépêcha son greffier à l'accusé, lequel subissait sa détention dans le meilleur hôtel de la ville. Le captif reçut l'émissaire de l'aréopage avec une affabilité empreinte d'étonnement : il s'allait justement mettre à table; en homme bien éduqué, il pria son visiteur à déjeuner, et, comme celui-ci faisait des façons :

—Acceptez, dit-il, et ne craignez pas de vous montrer indiscret... ce n'est pas moi que la note regarde!

Les deux convives arrosèrent d'un excellent clairet du cru (vin d'Asti) une douzaine de merles de Corse, une langouste farcie et un poulet aux cèpes, et, au dessert, en se nettoyant la bouche avec une figue fraîche :

— Si nous causions de nos petites affaires, dit le forçat à l'ambassadeur.

Ce dernier exposa le but de sa mission.

Le meurtrier partit alors d'un grand éclat de rire.

— Ah! on veut que je déguerpisse de céans, fit-il... Oh! que nenni, *caro mio!*

A ce moment, la canaille s'approcha d'un vieux piano sur le clavier duquel elle promena ses doigts d'un air énamouré.

C'est le greffier qui était embarrassé... fallait voir!

— Voyons, monsieur l'accusé, dit-il au misérable; soyez raisonnable, allez-vous-en!...

— Des nèfles! riposta l'entêté; je suis trop à l'aise « en ce charmant séjour ». (Ces dernières paroles furent prononcées en musique sur l'air du *Pré aux Clercs.*) Voyons, suivez-moi bien, continua le bandit. Je souffrais d'une bronchite chronique, et je me sens mieux. J'adore les mandarines et les petits pois; on m'en sert, dans cette osteria, en profusion telle que j'ai failli m'en faire mourir. J'avais des insomnies : le bruit monotone du flot heurtant les récifs me berce délicieusement, et vous voulez, bonhomme, que je coure après le bien-être « dans une autre patrie ». (Ici quelques accords de la *Favorite*.)

— Mais...

— Prenons le café, compère, et n'en parlons plus... On me *doit* une réclusion perpétuelle, je la veux... Combien de morceaux de sucre prenez-vous?

Que vous dirais-je? Le greffier se retira vers les neuf heures du soir. Le tribunal l'attendait, anxieux, sur la grande place.

— Eh bien? fit le président.
— Il y a du tirage! gémit l'employé. Et il rendit un compte exact de sa journée.

Les magistrats se rendirent, fort marris, dans la salle des séances, où il fut décidé qu'on proposerait au drôle de lui payer sa liberté.

Les négociations commencèrent dès le lendemain; mais le forçat, qui connaissait la bonne nature des juges indigènes, comprit que les plaines du chantage s'ouvraient devant lui. Sa mise à prix fut de cinq cent mille francs, plus trois mille mètres de terrain aux abords du cap Saint-Martin.

— Voilà qui est roide! dit le barbier Pandolfo, conseiller suppléant. La construction d'une prison nous reviendrait peut-être à meilleur compte...

Sur ces entrefaites, un riche financier, homme d'affaires madré et retors, débarqua dans l'hôtel du forçat. Il apprit sa situation de sa bouche.

— Quelle belle affaire vous tenez là! s'écria-t-il. Voulez-vous de moi pour associé?

— Que comptez-vous faire?

— Mettre votre captivité en actions, parbleu!

L'assassin se frappa le front.

— C'est une idée, fit-il.

Le financier et le malfaiteur dînèrent ensemble — aux frais de l'État, toujours!

. . . .

Le lendemain, lorsque le garçon de l'hôtel pénétra dans la pièce occupée par le prisonnier, il y trouva deux cadavres.

Voici ce qui s'était passé :

Le capitaliste, égaré par les fumées du vin d'Asti, avait tué le forçat, à coups de carafe, pour devenir seul criminel, c'est-à-dire seul possesseur de l'entreprise, et en faire jeter les bases par un collègue complice.

De son côté, le forçat, dont la cupidité avait été mise en éveil par les aperçus ingénieux du capitaliste, s'était décidé à l'évincer de la combinaison et avait, pour ce, versé, dans sa coupe, une dose raisonnable d'acide cyanhydrique.

Ce double trépas mit fin aux appréhensions des juges; Pandolfo rentra dans la vie privée, et le tribunal extraordinaire fut dissous pour n'être reconstitué jamais !

6 janvier 186...

On peut conclure de cette fantastique narration qu'on ne meurt guère de maladie le long de cette plage tempérée, et si d'aventure cette déduction vous semblait tirée par les cheveux, je vous renverrais au signor Medicino, un octogénaire qui loge sur le port, et m'a juré qu'en sa longue carrière, il n'a vu s'éteindre aucun de ses compatriotes au-dessous de la *nonantaine*. Les étrangers qui viennent dans la principauté pour cause d'affections de poitrine, jouissent des bénéfices de cette longévité appréciable.

— Signor, m'a dit le Monégasque, il ferait fortune celui qui bâtirait en ces lieux une maison de refuge pour les malades... Voulez-vous tenter la chose à nous deux?

— Quel sera votre apport, maître Medicino?

— L'enseigne, signor... une enseigne mirobolante : Au poumon enchanté!

L'établissement d'un asile pour les tuberculeux — dans les conditions qui m'étaient proposées — n'est point une mince affaire, et toute séduisante que fût l'enseigne soumise par mon associé, elle ne me parut pas suffisante comme premier fonds de roulement.

Bien que le marbre et le porphyre se trouvent ici à un pied sous terre, malgré la clémence de la température et les enchantements des sites monégasques, le sol de la principauté revenait jadis bon marché à ceux qui en convoitaient quelques parcelles. Aujourd'hui, les choses ne vont pas de même. Ce changement tient à la route impériale en voie d'achèvement, ainsi qu'aux rails qui, longeant la plage dentelée pour relier demain Paris à Gênes, transformeront cette contrée en un Étretat sans hiver.

Tels sont les résultats de la notoriété, du progrès et de la civilisation! Sitôt qu'un Éden est jeté dans la circulation, il se débite aussi facilement que feu la galette du Gymnase, et ses fractions sont portées à des prix inaccessibles... On m'a demandé trois cent cinquante francs d'un terrain de mille mètres!

— Si bon vous semble, m'a-t-on dit, vous le revendrez deux fois plus l'an prochain.

En dépit de cette argumentation concluante, j'étais resté flottant.

Mais, vous savez? Quand on marie la charité à la spéculation, l'indécision est de courte durée. C'est pourquoi je jurai au signor Medicino que j'aurais dans les vingt-quatre heures l'argent nécessaire à l'achat de notre emplacement.

En formulant ce serment au bonhomme, je considérais un groupe de constructions assises sur un cap parallèle à la presqu'île que Monaco couronne de ses blanches maisonnettes. C'est de ce point que je comptais extraire mes capitaux... car c'est là que M. Blanc a élevé un édifice où quarante sous[1] représentent cent mille écus... et réciproquement.

Renouvelant la fable de Perette, j'avais par avance arrêté mes plans, ma martingale, et divisé en lots imaginaires ma fortune à venir.

« Réglons notre marche, me disais-je en gravissant le sentier qui aboutit au Casino, je vais aller droit à la table de trente et quarante. Je jetterai immédiatement un louis à la noire qui, à cause de moi, passera trente-cinq fois. La chose n'est pas douteuse. Le noir est la couleur propice, les blondes sont perfides, les brunes ont plus de constance; et puis, le mobile qui m'anime est noble. N'y a-t-il pas un dieu pour les humanitaires? Donc je gagnerai.

« Muni de mon butin, je me dirigerai vers la table de la roulette où je couvrirai d'or trois numéros... Ils sortiront tous les trois à la fois — à cause de moi. Le fait semblera curieux, original; mais, sans me soucier de la stupéfaction de l'assistance, j'empocherai mon gain et je retour-

---

[1]. L'unité d'enjeu était alors de 2 francs représentés par des jetons de même valeur qu'un changeur délivrait aux fervents de la roulette.

nerai vers l'autre tapis où j'aurai la chance de tomber sur une série de quinze, à la rouge, — série qui s'explique facilement par le revirement des hasards de ce monde. Bref, à l'heure où le soleil couchant éclairera la hampe de l'étendard flottant sur le castel princier, j'aurai fait exécuter à la banque une de ces cabrioles dont la vie des personnages politiques offre peu d'exemples... La banque aura sauté à plusieurs myriamètres au-dessus du niveau de son budget. Je courrai immédiatement chez Medicino ; je lui remettrai un paquet de billets de banque pour les fondations de l'hospice. La reconnaissance publique devancera l'achèvement de mon œuvre, et l'on m'élèvera, sur le plus haut pic du promontoire, une statue où le sculpteur Franceschi me représentera terrassant la phtisie... »

J'en étais là de mon rêve, lorsque je m'aperçus que je pénétrais dans les salons de jeu. La lutte était chaude. Un Anglais « y allait » à tous coups de son habituel maximum, et Mustapha Pacha débarquait de Nice avec un portefeuille plus ventru que le baron Brisse. Autour de ces hercules de la ponte, quelques timorés poursuivaient le tiers et le tout avec une insistance digne d'un meilleur sort... Trois heures de l'après-midi sonnaient lorsque je lançai mon louis à la noire, d'après le programme conçu.

— Pour les poitrinaires, — murmurai-je.

— Tiens, fit une vieille dame qui m'avait entendu, voilà un monsieur qui a un singulier fétiche !

Cinq minutes après, j'avais quatre mille francs devant moi... dix minutes plus tard, je cherchais un camarade pour lui emprunter cent sous, et, comme dans mon animation, je m'étais enfiévré, la sueur m'était montée au front; si bien que j'attrapais un rhume violent qui me fit désirer plus que jamais l'établissement de mon hospice.... Je toussais de façon à y entrer sans examen.

On s'occupe beaucoup dans les gazettes des gros joueurs, et l'on a tort, car l'observation des petites bourses devant le drap vert de la fortune (je pourrais dire de l'infortune) est féconde en remarques singulières.

Quoique dépité, je retins l'expression d'un

adulte qui risquait périodiquement à la roulette un billet de banque *à cheval* sur le 35 et le 36. Quand le râteau fatal s'allongeait pour appréhender son enjeu, il s'écriait :

— Encore un de désarçonné ! Si j'avais su, je *leur* aurais fait prendre des leçons d'équitation !

J'examinai aussi, non sans rire, un couple jouant de compte à demi, et attirant l'attention publique par son agitation. Cet attelage bruyant se composait d'un vieux et d'une vieille qui avaient bien cent cinquante ans à eux deux. Monsieur avançait d'un air inspiré un jeton de deux francs dans le compartiment orné du mot PAIR; madame, par un calcul fort ingénieux, plaçait la même somme dans le domaine de l'IMPAIR.

On conçoit la naïveté du procédé, mais ce que l'on concevra moins, c'est que chaque fois que le zéro sortait, les deux éléments du couple poussaient des cris de paon. Philémon alléguait qu'on le devait payer, le zéro étant pair; Baucis prétendait que le zéro n'avait jamais été *pair de sa vie* et exigeait que la banque doublât sa mise.

Il fallut l'intervention du chef de partie pour calmer le ménage révolté.

Quand onze heures du soir approchent, l'atelier du trente et quarante cesse de fonctionner. Les croupiers, présidés par les commissaires des jeux, font la caisse, et il est donné de voir étaler sur le tapis cent pesants rouleaux et des liasses de papiers ornés d'illustrations bleues.

Je songeai, devant cette fortune exposée à tous les regards, que, jadis en cette même place, des pirates hardis avaient établi leur repaire, et l'idée — c'est bien là l'idée d'un décavé — l'idée me vint de me costumer en brigand et de faire irruption dans la salle, l'escopette au poing. Réfléchissant qu'en donnant seul l'assaut, j'avais chance de voir avorter mon entreprise, j'allai proposer à Briguiboul, fermier des jeux d'Ems, de m'assister. Briguiboul m'objecta que le costume de bandit calabrais lui seyait mal, et puis que ses fonctions l'empêchaient de nuire à M. Blanc. « On ne manquerait pas, ajouta-t-il, d'attribuer le concours que je vous prêterais à une jalousie de concurrent. » M. Dormeuil, directeur du théâtre du Palais-Royal, à qui j'exposai mon projet, déclina également l'honneur de partager les profits de cette expédition. Il mit sa renonciation sur le dos de sa vue basse... et j'eus la douleur de voir avorter, dans la même journée, deux plans que je qualifierais de lumineux, n'était la modestie inhérente à mon caractère.

Combien il est dans le vrai celui qui a écrit que les joies puisées dans les grands spectacles de la nature sont les seules qui soient exemptes de déboires! Étant allé déjeuner le lendemain à Menton, je suivis la merveilleuse route de la Corniche, et je ressentis une satisfaction, dont est privée, heureuse ou non, la poursuite d'une série ou d'un numéro. Quel panorama! quel ciel! quels rivages! Et dire que l'on meurt en face de ces tableaux-là!

Menton, 12 janvier 186...

Menton est resté, malgré l'annexion, une ville anglaise.

J'y ai rencontré une miss de dix-sept ans, aux cheveux d'or, aux yeux de velours, qui faisait, il y a deux ans, l'admiration des baigneurs de Brighton. Elle se plaignit un beau matin de douleurs et d'oppression dans la poitrine et se prit à cracher le sang. Son médecin l'a vite dépêchée en ces lieux, où elle vit languissante et pâle.

Elle déjeunait avec sa famille dans un bosquet voisin de celui où l'on m'a servi, et j'ai observé qu'elle mangeait des côtelettes de mouton crues. (Système curatif fort essayé actuellement.)

— Mary, lui dit son père en saisissant l'os qu'elle rongeait d'un air mutin, laissez cela... vous vous casserez les dents.

Mais miss Mary fit entendre un gentil grognement.

— Voyez, fit-elle en lâchant sa proie, voyez les résultats du régime carnivore... j'ai pensé que j'allais vous mordre.

Et pour colorer sa réplique, l'espiègle secoua la tête en roulant ses pupilles noires et ardentes... Et ses longs cheveux d'un roux extravagant tombèrent sur ses épaules. Ensuite, elle allongea ses mains fluettes qu'elle posa sur l'épaule de son père avec des manières de lionne apprivoisée durant qu'elle l'embrassait en poussant des sou-

pirs de fauve attendrie ! Mais, à ce moment, un accès de toux la contraignit à cesser son innocente plaisanterie. Dans les secousses du hoquet, je voyais saillir sous son corsage ses clavicules amaigries, ses épaules anguleuses. Les pommettes de ses joues s'injectèrent ; elle demanda à boire en agitant les bras dans l'espace. On dut l'envelopper d'un manteau de fourrure et l'emporter dans sa chambre. . . . .
. . . .

Fasse le ciel que le galet de Brighton revoie les cheveux d'or de miss Mary !

San Remo, 14 janvier 186...

J'ai souvent entendu dire : Voir l'Italie et mourir. Eh bien, rien n'est plus faux que cette exclamation banale. Tous les gens que j'ai rencontrés par delà les Alpes ne m'ont pas du tout semblé disposés à quitter ce monde. Ils m'ont, au contraire, paru tenir à la vie bien plus qu'avant leur voyage, et moi qui vous parle, moi qui viens de parcourir un kilomètre dans le royaume de Victor-Emmanuel, je ne me sens aucune propension à *remercier mon boulanger*. Je tiens à peser encore sur notre globe du poids de mes 120 livres, ne fût-ce que pour fouler plus avant la patrie de Dante Alighieri.

A cinq minutes de Menton, on rencontre le pont de Saint-Louis, dont l'arche unique relie entre elles deux nations amies (?) et deux roches jumelles. Cette énorme crevasse, qui sert de limite à deux États, est d'un aspect fort imposant. De ce point, on aperçoit Vintimille et la Bordiguière, — dont les forêts de palmiers se distinguent à une lieue de distance.

Mon désir était de manger du strachino sous les panaches de cette végétation pittoresque, mais il me fallait songer au retour. C'est pourquoi je me suis contenté d'une rasade de vin blanc dans une osteria juchée au plus haut de la falaise. La matrone qui m'a servi cette piquette n'entendait pas un mot de français, en sorte que j'ai eu la joie ineffable de parler par signes. Je dis la joie, car ma pantomime a pleinement réussi, et j'ai dégusté le clairet limpide, tandis que trois *pifferari* chantaient devant moi sur un air connu la gloire du héros d'Aspromonte.

Les gestes, substitués au langage, ne m'ont pas toujours réussi.

Témoin mon aventure en Espagne dans une *fonda* de l'Aragon... Je mourais de faim, j'avais mandé l'aubergiste, et ouvrant la bouche, j'y avais enfoncé l'index à plusieurs reprises. Le caballero — un gaillard de six pieds — s'approcha de moi et me saisit le menton d'une main, tandis que de l'autre il me relevait le maxillaire supérieur.

Après avoir promené son regard sur mes mâchoires :

— Je vois ce que c'est, dit-il dans son idiome.

Et il disparut. Cinq minutes après, il revint tenant une paire de tenailles rouillées, qu'il voulut à toute force exercer sur mes molaires.

Comprenez-vous ?... Je m'étais introduit chez un de ces industriels à double détente, dont regorge la péninsule hispanique !...

J'étais chez un restaurateur-dentiste !

Nice, 25 janvier 186...

Deux voies se présentent au voyageur qui se rend de Monaco à Nice : la mer et la Corniche. L'une expéditive, mais panachée de maux de cœur ; l'autre légèrement longue, mais d'un commerce plus accommodant. Fort éprouvé dans l'aller, par la cachucha du steamer, mon choix fut vite fait, et, après avoir déclaré aux flots qu'ils ne déjeuneraient pas à mes dépens, je pris la route de la Turbie. Elle était, d'ailleurs, fort courroucée, ce jour-là, cette Méditerranée — que les mauvais plaisants dépeignent sous les traits d'un lac d'huile. On voyait moutonner au large ses lames trapues, et le bateau, chargé du service, se dandinait dans le port avec des soubresauts peu engageants.

Je ne regrette pas, à cette heure, d'avoir préféré le sol fixe au sol mouvant, et vous seriez de mon avis si, comme moi, vous aviez suivi le sentier tortueux collé aux flancs des montagnes, à 400 mètres au-dessus du niveau de l'onde amère. Un ingénieur français traça, dit-on, cette voie audacieuse sur les ordres de Napoléon Ier, et la tradition rapporte qu'ayant été mandé auprès de l'empereur pour s'entendre reprocher par lui d'avoir juché trop haut son travail surhumain, il se brûla la cervelle de dépit et de désespoir. Il n'est pourtant pas de touriste qui n'immortalise l'œuvre de l'infortuné par son admiration et son enthousiasme !

Tout le long du chemin, on a, sous les yeux, le fond de l'abîme où la mer mugit en déchiquetant ses côtes dentelées. Les pentes de droite et de gauche sont incultes, ardues, intraitables — ce qui ne les empêche pas d'être ornées, à intervalles irréguliers, de pâtres égrenant, dans les ravins, leurs chèvres et leurs moutons.

Sitôt que les bergers aperçoivent un carrosse, ils se lèvent et saluent de leur feutre emplumé le voyageur blotti dans la caisse. C'est parfois aussi, une petite fille qui souhaite la bienvenue en tendant vers la portière du véhicule un bouquet fait avec les violettes odorantes recueillies près de là, au milieu des mousses et des lichens.

Aux deux tiers du parcours, on touche à l'auberge des Quatre-Chemins, dont la devanture est ornée du portrait en pied de Masséna le Victorieux... Esclave des vieilles coutumes, je n'ai point manqué de réclamer une bouteille de *vino bianco*, et tandis que j'attendais le retour de l'hôtelier descendu dans sa cave, un particulier dont je n'oublierai les traits de ma vie, vint s'asseoir près de moi. Le nouvel arrivé, dont l'extérieur était fort rébarbatif — grâce à sa barbe noire et à son visage bistré — portait un costume de velours noir orné de boutons en métal. C'était Fra-Diavolo... à la romance près. Sa main velue tenait une carabine dont la crosse résonna sur la dalle.

— Vous venez de Monaco ? me dit-il sans plus de façons, en assujettissant son arme entre ses jambes.

— Oui..., monsieur.

— Avez-vous gagné ?

— Qu'est-ce que cela vous fait ?

— Répondez, morbleu ! sans verbiage... Avez-vous gagné ?

Et ce disant, l'homme au teint de brique me fixait d'un œil farouche.

Instinctivement, je portai les yeux sur le fusil du questionneur.

Les deux chiens étaient armés et les capsules de la batterie double brillaient dans l'ombre. « Des brigands à quatre kilomètres de Nice!... voilà qui est fort! » pensais-je.

— Monsieur, lui dis-je d'un ton décidé, apprenez que j'ai laissé mon modeste saint-frusquin à l'avide roulette.

— Je m'en doutais... Quelle somme avez-vous risquée?

— Mais...

— Vite, parlez... je ne suis pas ici pour vous amuser.

Durant ce colloque, les canons de la malencontreuse carabine avaient insensiblement basculé, et leur orifice me fixaient d'une façon inquiétante.

— J'ai perdu quinze cents francs, murmurai-je.

— Ça ne m'étonne pas avec un physique comme le vôtre, continua le bandit en tirant un carnet de sa poche.

Et aussitôt, d'une main fiévreuse, il esquissa mes traits en trois coups de crayon sur une page blanche; puis, il s'éloigna.

Je m'octroyai un soupir de satisfaction, car, pris d'une terreur bien admissible en cas pareil, j'avais, mentalement, sacrifié ma montre et mes boutons de manchettes à la rapacité du farouche capitan.

— Tiens, s'écria l'aubergiste en apercevant le scélérat qui gravissait le lit d'un torrent desséché situé en face, tiens, le fou!... là-bas!

— Quel fou?

— Oh! un fou bien innocent, allez! Sa manie consiste à questionner les voyageurs sur leur bonne ou leur mauvaise fortune. Il a perdu son avoir aux eaux de Spa, en Belgique, et habite une cabane des environs, où il vit d'une petite rente que lui sert sa famille. Il prétend travailler à un album qui renfermera les portraits de tous les joueurs avec leur veine et leur déveine — en manière de légende. Des calculs statistiques lui font assigner la chance ou l'adversité au possesseur de tel ou tel visage... Selon lui, les nez proéminents sont fatalement voués au guignon.

C'est ainsi que j'appris les causes du bizarre interrogatoire qui m'avait ému. L'idée que le monstre était allé quérir du renfort dans le maquis voisin s'évanouit en moi, et, une demi-heure plus tard, je cherchais dans Nice une maison de bains où laisser le macadam qui saupoudrait mes cheveux et garnissait l'intérieur de mes narines.

J'entrai dans l'établissement fameux où l'un de mes amis recueillit, l'an passé, une réplique digne des honneurs de l'impression.

— Garçon, dit-il, un bain de son !

— Ah ! monsieur, répondit l'employé, il vous faudra attendre quelques minutes.... LE *sac est en main*.

Moins raffiné dans mes ablutions, je me contentai d'un lavage d'eau pure, et le soir même je serrais, au café de *la Victoire*, les mains de Paul Bocage — un romancier que je n'ai pas besoin de vous présenter. Vous connaissez tous le passé littéraire de cet écrivain, qui entra dans la carrière en même temps que M. Octave Feuillet.

Les deux littérateurs débutèrent brillamment. Tous deux, ils récoltèrent des lauriers mérités sur les premières scènes ; mais, peu à peu, la dissemblance de leur nature leur fit prendre des chemins divers. L'un se dirigea vers le pont des Arts, l'autre quitta le théâtre pour se consacrer au roman. Il travailla pour lui d'abord, puis il prêta sa féconde imagination et sa plume facile au grand Dumas... Il fit seul *les Mohicans de Paris*, et, arrivant un soir de Dieppe, où il était allé pleurer la mort de sa femme, il entra par hasard au théâtre de la Gaîté, où l'on jouait *les Mohicans de Paris*, mais pas *les Mohicans* de Bocage !

Les auteurs avaient dénaturé l'œuvre telle que la sentait l'homme qui l'avait conçue. Ce fut un coup terrible pour mon brave camarade. Il prit ses enfants par la main et s'en fut à Nice — à Nice, où l'on n'a pas besoin de feu l'hiver. Depuis deux ans, il promène sa déception sur la plage et raconte ses déboires à la vague. L'abattement, l'ennui et le dégoût d'une vie sans joies et sans profits allaient peut-être submerger ce beau talent, quand Villemessant l'a rencontré...; voilà pourquoi vous lirez bientôt sous un titre que je ne veux pas déflorer, — des romans saisissants dont les manuscrits jaunissent, endormis dans les ténèbres d'un tiroir.

Bocage est un observateur, un curieux ; il m'a, voici tantôt sept ans, conduit dans les recoins pittoresques d'un Paris que nul ne connaît. C'est à lui que je dois peut-être mes instincts de chercheur et mes appétits d'« originalités ».

Quand je reporte ma pensée à ce temps d'excursions fantastiques et de causeries surprenantes, je me rappelle ce recéleur-cabaretier que nous surprîmes à la barrière, débitant aux voleurs dont sa clientèle était composée, la photographie des hommes que la préfecture de police lance à la poursuite des criminels. De même qu'un chef de brigade déguisé a dans sa poche le portrait du malfaiteur qu'il cherche, de même le coupable cherché possède les traits de ceux qui, sous des travestissements insidieux, pourraient l'appréhender sans qu'il ait le temps de leur échapper.

Nice, janvier 186...

Durant mon court séjour dans la cité qui a vu naître Garibaldi, je n'ai pas manqué d'aller au théâtre. Les blasés de l'asphalte sont ainsi faits : ils quittent la grande ville, tout réjouis de fuir ses pompes fatigantes; ils se promettent une existence calme, une vie rangée, consacrée exclusivement à la visite des monuments et à l'observation des mœurs... Mais ils ont à peine posé le pied dans un chef-lieu que les voilà en quête des émotions répudiées. Ils s'informent du nombre des temples élevés au culte des joies mondaines et cherchent une contrefaçon des plaisirs qui ont jauni leur teint et brûlé leurs paupières !

Nice possède deux salles de spectacle. Dans l'une, on exécute l'opéra italien; dans l'autre on massacre le vaudeville et l'opérette. Voulant sacrifier d'abord à la mélodie transalpine, j'ai été — en compagnie de trois Parisiens — ouïr *Crispino e la Comare*.

Me montrerai-je sévère à l'égard d'une troupe qui supplée au talent par la bonne volonté?... Je me contente d'émettre un regret. Alphonse Karr se trouvait dans la salle, et aucune de mes connaissances ne put me présenter à ce maître qui m'eût certainement exprimé son avis d'une façon originale. J'aurais sûrement fait preuve — en m'inspirant de son opinion — d'une érudition critique dont je suis dépourvu.

On prétend que l'auteur des *Guêpes* est devenu mélomane enragé. C'est, à mon sens, le signe d'une caducité que dément son visage toujours jeune sous sa barbe grisonnante, toujours railleur sous sa couche de hâle.

Depuis que M. Karr a négligé la littérature pour s'adonner au jardinage, nous nous le figurons couvert d'un sayon, les pieds chaussés de lourds sabots, et la dextre armée d'une bêche englaisée. Notre erreur est grande, car j'ai croisé dans les couloirs l'ex-polémiste, et il ne portait aucun de ces accessoires rustiques... A moins qu'il les ait déposés au vestiaire....

Avant de quitter la salle Ventadour de cette

préfecture maritime, je veux vous signaler une bizarrerie de son règlement.

Toute personne qui y loue, par avance, un fauteuil ou une loge, est tenue de verser, à son entrée au théâtre, un supplément de 1 fr. 50 dans les mains du buraliste. Nous avons protesté contre cet usage, quelque peu illogique — étant donné le prix fort raisonnable mentionné sur nos coupons.

— Messieurs, nous a répondu le contrôleur, c'est comme cela partout en France... Vous vous en convaincrez si *jamais* vous allez à Paris.

Je me suis rendu le lendemain au Théâtre-Français, où j'ai assisté à une représentation extraordinaire donnée par le comique Levassor... Ravel l'avait précédé sur cette scène spacieuse et y avait récolté, en compagnie de mademoiselle Deschamps (le meilleur sujet de sa troupe) des bravos multipliés. Quant aux pensionnaires du cru, je ne puis, malgré mes propensions à l'indulgence, leur tresser des couronnes. Mon ami Offenbach est d'accord avec moi sur ce point. Ainsi qu'on l'a pu lire dans les gazettes, il a conçu un tel déplaisir de la défectueuse interprétation de ses œuvres, qu'il a interdit au directeur de les monter. Le grand Jacques, en maëstro gâté, n'admet pas que ses partitions tombent du larynx des rossignols dans celui des canards !

L'auteur de *la Belle Hélène* habite, dans l'hôtel des Étrangers, un rez-de-chaussée luxueux précédé d'une terrasse sur laquelle il promène sa diaphane seigneurie. Les flâneurs de l'allée des Anglais ont observé qu'il apparaissait tous les jours sur son balcon, de midi à trois heures.

Ils ont également remarqué son torse grêle flottant dans une robe de chambre marron et son bonnet d'astrakan, dont les bords sont dépassés par un nez de première grandeur. Accoutré de la sorte, maître Jacques ressemble plutôt à un alchimiste qu'à un compositeur... Et de fait, il y a de l'alchimie dans son cas, à ce chercheur ! Il jette dans son cerveau (sa cornue) des ingrédients ignorés. Sa muse active le feu du réchaud et l'alambic recèle, trois mois plus tard, la pierre philosophale. Demandez plutôt à ceux qui lui comptent ses droits d'auteur !

Presque tous les Niçois savent le nom et la qualité de leur hôte illustre. Il en est cependant que son costume jette dans la plus profonde erreur.

— Ah ! voilà le Polonais ! a dit devant moi à sa bonne un garçonnet joufflu au moment où le père de tous les *Bu qui s'avance* parut sur son perron.

— Pas du tout Polonais, a répondu son cornac en s'adressant à une nourrice qui marchait à ses côtés, je tiens d'un garçon de l'hôtel que c'est le mari d'une poitrinaire russe... Elle trépassa l'an dernier, et le pauvre homme en fut si chagrin, qu'il en a maigri comme vous voyez... Il va souvent faire des promenades dans une barque, au large. L'autre jour, ce brin d'homme a eu le mal de mer, et, en assistant à ses nausées, le patron du canot s'est écrié : « Si mon client continue, qu'est-ce qu'il en restera tout à l'heure ! »

J'aurais pu calmer les appréhensions de ce pilote. Sous une apparence ténue, Offenbach cache une constitution robuste, et au point de vue moral comme au point de vue physique, il peut écrire sur son blason la devise de je ne sais quel seigneur tourangeau : « PROLIFEX ET SUPERBUS ».

L'auteur d'*Orphée* est venu parfaire ici deux partitions nouvelles : sa pièce des Variétés et *Robinson Crusoë* — une commande de M. de Leuven. Le maëstro travaille d'ordinaire assis devant son piano. Sur un guéridon placé à sa droite, on aperçoit des cahiers de vélin glacé, couverts de barres imperceptibles... Et dire que ces pattes de mouche détermineront un jour les convulsions chorégraphiques de vingt peuples !

Quelques portraits d'enfants dominent ces paperasses : ce sont ceux de la petite famille du compositeur. C'est sous le chaste regard de ces chérubins candides qu'éclosent les trilles de mademoiselle Schneider ! Il y a, tout de même, des choses bizarres en ce monde !

Des fenêtres de l'appartement occupé par le populaire producteur, on aperçoit la mer. Un Anglais (je le soupçonne d'être payé par le fermier des bains) se plonge tous les jours, à onze heures, dans le cobalt liquide, et il semble prendre à ce délassement anachronique un plaisir extrême. Il n'y a pas la moindre forfanterie dans l'acte du fils d'Albion, et même lorsqu'il sort — tout violet — des bras de Thétis, il paraît contrarié des exclamations de ceux qui s'apitoient sur sa manie.

On dit qu'après avoir risqué sa santé le matin dans cet ébat réfrigérant, milord risque sa fortune le soir, au cercle Masséna, où règne une bouillotte des plus échevelées. Ce club m'ayant été signalé comme une institution grandiose, je m'y suis rendu. J'ignorais qu'il fallût — pour pénétrer dans ce temple de la dame de pique — être patronné autrement que par un nom répandu et je me trouvais fort empêché lorsqu'un valet qui ne lit pas les journaux (le malheureux!!!) vint me demander ma carte d'entrée. Fort heureusement, je me heurtai, en me retirant, contre un membre fondateur qui voulut bien répondre de ma moralité. C'était le baron Vigier, à la villa duquel je vais consacrer — sans autre transition — quelques lignes suggestives.

M. Vigier est un gentilhomme doublé d'un artiste. La volonté qui s'abrite sous une telle enveloppe ne pouvait rien enfanter de mesquin et de banal. Aussi j'hésite à entreprendre la description d'un *buen-retiro* dont les décors du Châtelet peuvent seuls donner une idée. Imaginez le marbre, la soie et la lumière condensés en un tout élégant et pittoresque... Rêvez les mirages magiques de la féerie prenant un corps et vous serez encore au-dessous de la vérité. Ici, c'est un péristyle oriental où le jour, pénétrant par des vitrages coloriés, s'en va mourir sur les murailles revêtues de couleurs indéfinissables. Là, c'est un grand salon parqueté par des mosaïstes en renom et enluminé par les brosses habiles des décorateurs florentins. Plus loin, c'est une véranda spacieuse d'où l'on aperçoit la haute mer au travers de mille orangers chargés de fruits... Et puis des statues, et puis des tableaux, et puis des faïences merveilleuses !

— Baron, dis-je à mon guide, je suis sur le point de me construire une cabane aux environs de Fontainebleau, et je suis charmé d'avoir visité votre cottage, car je veux que le mien lui ressemble en tous points... Mais pourriez-vous me renseigner sur le prix de revient d'une telle... bicoque ?

— Huit ou neuf cent mille francs !

Je me livrai alors à un rapide calcul mental et

je conclus que, pour arriver à une imitation servile de cette royale villa, je serais tenu de demander quelques mois d'avance à mon rédacteur en chef. Quelle pitoyable profession que la nôtre ! Pas moyen de s'offrir un palais sans écorner ses émoluments futurs ! C'est écœurant !...

La nuit était venue, je courus sur le galet pour contempler les fameuses phophorescences dont on m'avait tant parlé, mais il faut croire que les phosphorescences gardaient la chambre ce jour-là pour cause de rhumatismes ou se faisaient un malin plaisir de se dérober à mes regards : impossible d'en voir une seule ! Obligé de rentrer à Paris où l'impérieuse chronique me réclame, je me contentai de déposer ma carte dans le sein de la Méditerranée, la priant d'exprimer à ces phosphorescences mes regrets et mon dévouement. Le lendemain, après avoir acheté une *jettatura* en corail, un coffret en filigrane génois et une canne en bois de citronnier, je pris le chemin de la gare avec l'intention de m'arrêter quelques heures à Marseille... Mesdames les phosphorescences se montreront peut-être plus aimables aux abords de l'antique Phocée !

Marseille, janvier 186...

Le chemin de fer de Nice à Marseille rappelle par son tracé vertigineux la voie du nord de l'Espagne. Lorsqu'on pense que l'homme — je veux dire une Compagnie — arrive à se frayer un chemin au travers d'une nature aussi volcanique, on se sent tout d'abord pénétré d'admiration pour le corps des ingénieurs : on se jure, ensuite, de professer une déférence spéciale pour les lettres P. L. M. (qui ne signifient pas Paulin-Le-Magnifique, ainsi que j'en avais la conviction).

La locomotive semble voler dans l'espace, effleurant à peine la cime des falaises abruptes qui *bastionnent* cette côte fortunée et ressemblent de loin à des monstres gigantesques accroupis au bord d'un océan. Tantôt la mugissante machine s'élance sur un pont dont l'arche téméraire enjambe un golfe profond; tantôt elle s'engage en sifflant dans un dédale de roches élevées... Nous touchions tout à l'heure aux nuages, nous voilà maintenant dans l'enfer !

Au bout de trente lieues dévorées à la surface de ces *tours de force*, le voyageur apprend qu'il entre dans les défilés de l'Esterel. Ses gorges étroites sont déterminées par le chevauchement de montagnes arides et chauves. C'est en haut de l'une d'elles que les auteurs de *Robert-Macaire* ont placé la célèbre auberge des Adrets.

J'ignorais ce détail, et je l'ignorerais probablement encore sans la loquacité d'un compagnon de route, très versé dans la topographie du pays que nous traversions.

— Pour le quart d'heure, me dit-il avec une moue dédaigneuse, l'Esterel n'a plus raison d'être. Sa flore est pauvre, son gibier est rare, ses terrains ne sont pas arables et la prochaine suppression du bagne de Toulon achèvera de rendre superflu ce chapelet de monts sauvages.

— Permettez, objectai-je. Quelle corrélation voyez-vous entre les forçats et ce sol accidenté?

— Vous ne savez donc pas, continua mon cicerone, que l'Esterel a, de tout temps, servi de refuge à ceux de « ces messieurs » qui parviennent à s'évader?

— Je ne m'en doutais pas.

— Est-il possible ?... Il en est ainsi pourtant. Les pensionnaires du *pré* connaissent les plus petits recoins, les moindres excavations, les crêtes les moins accessibles de cette chaîne impraticable. Aussi, la gendarmerie renonce à toute recherche, quand la trace des fuyards s'arrête à l'entrée de ces dédales escarpés.

— Vraiment !

— Depuis tantôt quarante ans que j'ai élu domicile dans ce département, j'ai appris et suivi bien des évasions, allez !... La plus intéressante (elle remonte assez loin, du reste) est sans contredit celle du fameux *Ressort-de-Montre*... Ah ! si elle parvenait aux oreilles du romancier Ponson du Terrail... comme *il en jouerait !*

— Monsieur, répliquai-je, j'ai l'honneur de connaître particulièrement ce populaire débitant de philtres et d'assassinats, et je m'engage à lui rapporter fidèlement votre récit, si, toutefois, vous ne jugez pas mes oreilles indignes de le recueillir.

— Vous me promettez de le lui répéter mot

pour mot et de lui dire de qui vous le tenez?

— Je vous le promets... mais avant, à qui ai-je le plaisir de parler?

— Je vous donnerai ma carte tout à l'heure... Apprenez, poursuivit mon interlocuteur, ravi de me voir le bec enfariné, — apprenez que Bouniot, dit *Ressort-de-Montre*, dut son sobriquet à l'usage heureux qu'il fit de l'engin d'horlogerie connu sous ce nom, pour rompre ses fers. On avait beau le fouiller des pieds à la tête, Bouniot avait toujours sur lui quelques-uns de ces rubans métalliques, si puissants à mordre les maillons les mieux trempés. Où les cachait-il? Personne ne l'a jamais pu découvrir. Toujours est-il qu'un soir, à la tombée du crépuscule, les trois coups de canon traditionnels annoncèrent la disparition de l'adroit coquin. Pour arriver à son but, il avait commencé par tuer son compagnon de chaîne d'un coup de couteau entre les deux épaules. On trouva le cadavre dans le coin d'un préau; il portait au bas de la jambe des ecchymoses nombreuses et la trace de contusions violentes. Ses chairs ainsi que ses os étaient broyés au niveau de l'articulation métatarsienne.

« On comprit alors que l'idée du criminel avait été de se délivrer de cette entrave vivante en lui coupant la jambe au dessus de la cheville, et en dégageant ainsi l'anneau qui unissait son collègue au lien commun. Mais il faut croire qu'il s'était épuisé en vains efforts, et qu'envisageant les difficultés que présentent la section de deux os résistants comme le tibia et le péroné, il était revenu à son moyen de prédilection.

« — Je m'en doutais, s'écria un gardien, lorsqu'il apprit la fuite de Bouniot; il m'a dit hier d'un air malin : « *Les pattes me démangent;* » j'aurais dû saisir la signification de cet audacieux avertissement.

« — C'est dommage, fit un *bonnet vert*, Ressort-de-Montre était un gai camarade; il n'y en avait pas deux comme lui pour chanter la romance de *la Veuve* (la guillotine) :

>Oh ! oh ! oh ! Jean-Pierre, oh !
>   Fais toilette !
>V'là, v'là, v'là le barbier, oh !
>Oh ! oh ! oh ! Jean-Pierre, oh !
>   V'là la charrette
>Qui va m'ner, ah ! ah ! ah !
>   Faucher Colas ! (Couper la tête.)

« Le lendemain, on ramassa dans un coin du port le costume de Bouniot. Il avait dû retrouver, dans quelque ruelle, un affidé dont il avait dû recevoir un travestissement féminin, car on recueillit tout près de la livrée honteuse dont il s'était dépouillé, des bas de femme qu'il n'avait sans doute pas eu le temps de passer à ses pieds.

« Ressort-de-Montre possédait un joli visage, imberbe, rose et d'un galbe parfait. Ses yeux étaient grands, d'un bleu foncé et frangés de cils noirs.

« Sa bouche petite et rentrée était dépourvue de lèvres — signe éloquent d'instincts pervers — et quand elle s'ouvrait, on apercevait une double rangée de dents aiguës comme celles d'un chacal. Le monstre était, de plus, d'une taille avantageuse : il trouvait moyen de rester élégant sous le sarrau réglementaire et il traînait la jambe en homme qui a une entorse plutôt qu'en misérable attelé au boulet.

« Sous ces dehors avenants, Bouniot cachait une férocité dont on n'a jamais eu d'exemple. Il commença par tuer un enfant qu'il avait eu d'une grande dame séduite par lui dans le département de ***. Plus tard, il essaye d'empoisonner celle qui a oublié, devant ses séductions physiques, les devoirs les plus sacrés; il finit par se trouver compromis dans une bande accusée de la disparition et du meurtre de plusieurs individus…; mais toujours, quoi qu'on fasse, le dangereux malfaiteur parvenait à tromper la surveillance dont il était l'objet, et à fuir, après avoir scié des barreaux plus gros que le tronc du bouleau que vous voyez là-bas. Le nombre de ses années de condamnation comme assassin, comme évadé, comme récidiviste et comme délinquant, s'élevait à cinquante-deux années de travaux forcés, lorsqu'il prit, pour la dernière fois, la poudre d'escampette… En réfléchissant à l'importance de ce chiffre, on admet qu'il ait voulu commuer sa détention future en une liberté définitive.

« Il ne faudrait pas croire que toutes les tentatives de l'entreprenant forçat eussent été couronnées de succès. Manquant un jour de son accessoire précieux, il demanda la clef des champs à un travail surhumain… Il s'était persuadé qu'un égout passait sous le bâtiment où on l'enfermait pendant la nuit, et il entreprit de creuser, au bas de la muraille, une saignée qui le conduirait jusqu'au sol et du sol dans le souterrain...

« Il dut associer *son confrère* à son projet, et les voilà tous deux, silencieux dans la nuit, ébranlant d'abord une large pierre de taille, puis fouillant, fouillant toujours... Après cinq mois d'un labeur incessant, les malheureux touchaient au but, quand ils apprennent qu'ils sont trahis par un compagnon reclus dans un autre corps de logis; grâce à lui, un inspecteur viendra à deux heures du matin et prendra le couple sur le fait. Qu'imagine Bouniot? Il s'empresse de desceller une pierre en un autre point de la pièce pour laisser croire que là commence la route souterraine qu'il prépare. Le change fut ainsi donné au gardien, mais les deux forçats n'en furent pas moins punis.

« Sortis du cachot, ils veulent continuer leur œuvre de délivrance! Mais, durant leur captivité, on s'était livré à de minutieuses investigations et le conduit avait été découvert, comblé et bouché. Il renfermait dans son extrémité la plus reculée un costume de femme et la riche livrée d'un valet de grande maison. Ressort-de-Montre crut toujours qu'il avait été trahi par son camarade de chaîne; c'est pourquoi il prit, lors de son dernier coup, le parti de s'en débarrasser.

« Vous avez dû remarquer que le travestissement féminin joue un rôle capital dans les escapades de ce triste héros. Pendant les quelques mois de liberté dont il jouit à diverses reprises, il fut souvent rencontré vêtu d'une robe de soie et d'un manteau de velours, acompagné toujours d'une autre femme voilée, qui semblait épier ses gestes et recueillir ses paroles avec une attention et une tendresse peu ordinaires. Vous avez reconnu, sous ce voile, la grande dame que je vous ai signalée tout à l'heure, la mystérieuse comtesse, éprise de ce scélérat, au point qu'après avoir failli devenir sa victime, elle lui garda néanmoins un amour insurmontable et inextinguible. Je connais cette affolée, je l'ai vue et entretenue longuement; elle s'est confiée à moi et m'*en* a communiqué de bien surprenantes touchant l'indigne objet de sa coupable passion.

— Oh ! contez-moi tout cela !... m'écriai-je.

C'était elle sans doute qui aidait son amant dans l'accomplissement de ses hauts faits?

— Justement... mais vous *en* allez ouïr de plus belles, allez!...

Ici le train s'arrêta : nous étions à la station de Toulon.

— Je poursuivrai mon récit quand le train repartira, me dit le conteur... Si nous allions prendre une tasse de café au buffet?

— Volontiers.

Nous bûmes d'un moka qui, certainement, n'a jamais eu la moindre insomnie sur la conscience, et nous reprîmes le chemin de notre wagon. Mais, ayant aperçu des journaux étalés sur les rayons de la bibliothèque de la gare, je me séparai de mon compagnon pour en acheter quelques-uns... On a aussi la nostalgie de ces choses-là!

Tous les voyageurs occupaient leur place respective. Tout à coup, la sonnette du départ retentit... la locomotive siffle, et me voilà courant à toutes les portières, et montant sur tous les marchepieds pour retrouver ma caisse... Ah ! l'on a grand tort de ne pas prendre le numéro de sa voiture... Ce désagrément-là ne se renouvellerait pas si souvent !

Pressé, harcelé, objurgué par le chef de train, je maudis mon narrateur, qui n'a pas l'esprit de mettre la tête dehors pour m'indiquer notre compartiment, et, finalement, je suis poussé par le dos et par... le chef de train susdit, dans une caissée bourrée des sept membres d'une famille anglaise. Tous ont les cheveux rouges et dorment profondément, quoique assis, roides comme des pieux. Je m'installe de mon mieux, et pendant que ma nouvelle compagnie exécute autour de moi un septuor de ronflements peu harmonieux, je regrette la fin de « Ressort-de-Montre » et je ne cesse de me répéter :

— Quelle était cette grande dame? Pourquoi ce voile? Pourquoi cet amour monstrueux?... Que me dira Ponson si je ne lui sers qu'une moitié d'anecdote?

Je réfléchis qu'à la gare de Marseille, je pourrais rattraper le conteur de l'histoire palpitante, et en effet, aussitôt arrivé, je l'aperçois qui court sur le quai et se dirige vers la salle des bagages.

— Monsieur! monsieur! lui criai-je, voulez-vous me faire le plaisir de dîner avec moi?... De cette façon vous me pourrez finir votre émouvante révélation.

— Monsieur, me répondit l'interpellé en se retournant avec un haut-le-corps empreint de dignité, — un galant homme n'agit point ainsi que vous l'avez fait. Il eût mieux valu me dire que je n'étais pas intéressant; je me fusse tu, et cela vous eût épargné l'emploi d'une ruse dénuée de sel. Bien que je sois des Bouches-du-Rhône et vous de Paris, on ne *la* fait pas à Bibi! J'ai bien l'honneur de vous saluer.

Je restai tout décontenancé en entendant les paroles de « Bibi » qui s'était perdu dans la foule, et le soir, en m'endormant dans le lit du n° 36, à l'hôtel du Louvre, je m'adressai de nouveau à moi-même cette série d'interrogations :

— Quelle était cette grande dame? Pourquoi ce voile? Pourquoi cet amour monstrueux?...

Que me dira Ponson si je ne lui sers qu'une moitié d'anecdote ?

Marseille, janvier 186...

J'ai fait une remarque, et vous l'avez sûrement faite aussi...

Quand les dramaturges contemporains introduisent dans leurs comédies un personnage marseillais, ils ne manquent pas de lui prêter un langage bizarre, panaché d'une foule de *bagasse !* de *troun de l'air* et de *digue, digue, mon bon !* De plus, ils engagent l'acteur chargé de ce rôle à souligner toutes ses répliques à l'aide d'un geste spécial qui consiste à fermer les quatre doigts sur la paume de la main et à lever le pouce en l'air, en clignant de l'œil et en claquant de la langue.

Ayant toujours vu dans le théâtre moderne le fidèle reflet des réalités de ce monde, je m'étais préparé à subir cette élocution et cette pantomime colorées. Je m'étais même promis d'en user de temps à autre, afin de ne point avoir l'air trop dépaysé dans la patrie de Pythéas.

Mais jugez de ma stupéfaction! Après quarante-huit heures passées dans la cité méridionale, mon oreille n'avait pas encore perçu le moindre *digue, digue*, le plus petit *troun de l'air!* Que dis-je? Tous les Marseillais que j'avais entretenus s'étaient exprimés sans accent — comme vous et moi.

J'ai communiqué ma surprise au cocher dont le véhicule m'avait promené par la ville, pour me déposer finalement au restaurant de la Réserve.

— Sachez, monsieur, me répondit l'automédon en haussant les épaules, sachez que les marchands de couplets se moquent du public... et il m'étonne que des Parisiens — des individus *presque* aussi intelligents que nous — s'en laissent conter par des écrivassiers à court d'idées... Vous connaissez M. Thiers, mon compatriote?

— Oui.

— Avez-vous rencontré des *digue digue* et des *bagasse* dans l'*Histoire du Consulat et de l'Empire?*

— Non.

— A-t-il l'habitude d'interpeller ses collègues à la Chambre en les appelant *mes pitioun* ?

— Non.

— Eh bien, vous voyez que les vaudevillistes se f... de vous !

La logique de mon interlocuteur ne souffrait pas de réplique. Je me contentai de blâmer la vigueur du verbe qu'il employa pour me prouver les abus de confiance de MM. Thiboust, Grangé et compagnie, et je déjeunai, dans la Réserve sus-nommée, avec la voracité d'un homme qui a perdu une illusion, mais qui n'a pas perdu l'appétit.

La Réserve est comme qui dirait la Tête-Noire de la localité. C'est un cabaret renommé, diffé-rent du cabaret de Saint-Cloud en ce sens qu'au lieu de dominer la Seine, ses cabinets dominent la mer étendant au loin sa nappe d'indigo. On y mange — en vue du château d'If — des bouilla-baisses idéales; et l'on y déguste des vins exquis — avec, à sa droite, le faubourg des Catalans. Toujours esclave de la couleur locale, je me suis fait servir un plat de coquillages que j'ai attaqués d'abord avec timidité; mais bientôt j'ai pris goût à cet aliment indigène, et si je n'avais été retenu par la pensée que je dînais le soir chez un agent de change, j'eusse réitéré ce massacre de mollusques.

Six heures sonnaient quand je pris le chemin de la rue de Paradis, où m'attendait mon amphitryon... En boutonnant mes gants sur la Canebière, je me rappelai une anecdote — je devrais dire une légende — dont on comprendra tout à l'heure la présence en ces notes.

M. Victor Hugo ayant débarqué à Marseille, alors que sa gloire et sa fortune touchaient à leur apogée, un des plus forts négociants du port l'alla prier à dîner chez lui pour le jour même. L'auteur des *Misérables* accepta.

— Femme, dit l'armateur à son épouse dès qu'il fut rentré, Victor Hugo mange la soupe avec nous ce soir. Ce n'est qu'un homme de lettres, c'est vrai, mais j'ai ouï raconter qu'il était très amusant... il nous fera rire... ça nous divertira.

— Les artistes, pensa la ménagère, regardent plutôt à la quantité qu'à la qualité.

Et aussitôt elle commanda à sa cuisinière une soupe aux choux abondante, un haricot de mouton copieux, et une galette monstrueuse.

En présence de ce menu extra-bourgeois, le père des *Orientales* fit une moue qu'il dissimula de son mieux, et il se contenta de toucher à peine aux mets qui lui furent servis en quantité extravagante.

— Mais, qu'as-*tu* donc? lui demanda tout à coup l'armateur, qui observait son commensal depuis quelques instants, tu sembles gêné et tu ne *bitures* pas!... Eh! je conçois ton embarras! Dans ton métier, on n'a pas des bonnes choses tous les jours! C'est égal, petit, *gave-toi*, va! Qui sait si tu mangeras demain!

M. Hugo ne soufflait mot, mais il pouffait de rire.

A la fin du repas :

— Femme, dit tout bas le négociant à sa moitié, mets quelques figues ainsi qu'un bout de gâteau dans un journal, et fourre le paquet dans les poches de ce pauvre garçon... Il sera bien content de trouver ça demain. Ces artistes ! ça ne songe pas à l'avenir !

— Ma foi, non ! répliqua la Marseillaise avec aigreur, tu m'avais dit qu'il était amusant ; il n'a pas prononcé une seule parole, et c'est lui qui a ri tout le temps !

Nous pouvons classer cette aventure avec les sourdes calomnies que les vaudevillistes font circuler au sujet des Marseillais... et, sans vouloir — pour deux bonnes raisons — établir le moindre parallèle, j'ose affirmer que celui qui m'avait convié à sa table ne m'offrit pas le plus petit morceau de brioche... à emporter. Il s'exprima, au contraire, sur ma profession, en homme qui en connaît très peu les splendeurs et n'en connaît pas du tout les misères.

Il me faut d'abord vous apprendre que je me trouvais chez un ancien condisciple, M. Harold Fitch, fils de madame Autran, et beau-fils du poète qui a signé *la Fille d'Eschyle*.

— Je suis, me dit-il, honteux de te recevoir aussi piètrement, mais que veux-tu ? je n'ai pas, comme vous autres chroniqueurs, un ordinaire luxueux... Heureux ami ! je sais que tu gagnes 100,000 francs par an et que tu as déjà mis de côté un magot assez coquet!

— Tu plaisantes, n'est-ce pas? m'écriai-je.

— Voyons, ne t'en défends pas... ce n'est pas de l'argent volé, *après tout?* Tu travailles, il est juste que ta peine te profite! Le bruit de tes fêtes est venu jusqu'ici... Est-il vrai que tu réunisses dans tes salons l'élite de toutes les aristocraties parisiennes?

— Ah ça ! es-tu sérieux?

— Pourquoi feindre avec un vieux camarade?... je ne veux pas t'emprunter un sou. Dieu merci, ma charge boulotte..., ce qui te prouve, mon bon, qu'en dehors de la littérature on peut faire sa pelote!

J'eus beau protester, le Crésus n'en voulut point démordre et continua sur le même ton :

— Tu possèdes, m'a-t-on dit, une jolie quantité de peintures signées des premiers maîtres de toutes les écoles, mais si tu le veux, nous allons passer au salon, où tu jetteras un coup d'œil sur la galerie de tableaux laissée à ma mère par mon aïeul, M. Beck... Grâce à cette collection, la nudité de nos modestes lambris (damas de soie rouge rehaussé de crépines d'or!!!) échappe aux sarcasmes de nos visiteurs.

Ne vous attendez pas, lecteur, à me voir dépeindre ici les merveilles qui furent soumises à mes regards. Je veux cependant vous signaler un « Ruysdaël » dont l'historique est vraiment curieux.

Commandé à l'auteur lui-même par un souverain français, il fut remis au capitaine d'un vaisseau qui allait franchir la rade d'Amsterdam pour se rendre à Marseille. Mais voilà qu'en vue de ce port, le bâtiment est assailli par une tempête. L'ouragan précipite sa quille sur des récifs... L'élément furieux envahit sa cale défoncée, et monte, monte... Bref, cargaison, matelots, passagers et « Ruysdaël » tout fut englouti sans que le sauvetage pût être organisé.

Deux siècles plus tard, un Hollandais dont l'arrière-grand-père avait assisté au départ de l'infortuné navire, et qui, en vertu des traditions de famille, connaissait l'existence du chef-d'œuvre confié à l'embarcation submergée, — un Hollandais, dis-je, conta la chose à un Marseillais rusé. Notre méridional resta muet, mais un mois après, il demanda et obtint la permission de faire des expériences avec un scaphandre, dans les parages où le vaisseau avait disparu sous les flots.

À l'aide du précieux appareil, il se glissa le long des flancs du navire, dont la membrure disjointe était retenue, au fond, par des madrépores, et après de longues recherches il retrouva la fameuse toile roulée entre les deux planches du pont qui formaient le plafond de la cabine du capitaine.

Le chef-d'œuvre était intact — à l'exception de deux trous encore visibles aujourd'hui. L'eau de mer n'avait point altéré la vivacité de son coloris : il apparut tel qu'il était sorti de l'atelier du maître. Après avoir passé par dix mains différentes, il tomba dans celles de M. Beck, qui le paya 35,000 francs et l'accrocha dans son cabinet de travail.

Telles sont les phases les plus intéressantes de mon passage dans la grande ville que le génie industriel de M. Mirès a faite plus grande encore. Je pourrais m'étendre longuement sur sa situation pittoresque, sur ses environs magnifiques et sur la richesse de son commerce; mais je préfère en rester là.

. . . .

. . . .

Ici s'arrêtent mes notes, ou du moins ce qu'elles contiennent de « publiable ». J'ignore si le lecteur aura trouvé quelque intérêt dans cette évocation... Je pourrais presque dire exhumation... Car je parle, en ces pages jaunies par des ans nombreux, de célébrités disparues et de personnalités entrées déjà dans la nuit de l'oubli !

———

AUJOURD'HUI

—

TRENTE ANS APRÈS

CHAPITRE I

Côtes de Provence.

Ma conscience m'interdit de dater cette causerie d'une manière précise, car elle est l'assemblage d'une série d'impressions ressenties au jour le jour, en parcourant l'incomparable Corniche — vite ou lentement, selon mes dispositions de touriste flâneur et capricieux. Je ne devrais pas non plus donner le nom de causerie à une semblable macédoine de pensées, ollapodrida de phrases, salade d'observations que je me borne à transcrire dans leur désordre ! D'ailleurs j'estime que les lecteurs ne détestent point le décousu et l'incohérence en matière d'impressions de voyage; et que certains, même, trouvent

un plaisir extrême à lire — par-dessus son épaule
— le carnet d'un écrivain en déplacement.

. . . .

Hiver 1894-1895[1].

O Midi bien-aimé, dans quel état je te
retrouve ! Ton soleil brille toujours avec le même
éclat. Ton ciel est toujours d'un bleu à part, mais
comme la végétation semble triste, souffreteuse et
recroquevillée ! Tes oliviers — dont l'aspect est
plutôt mélancolique — paraissent encore plus
rêveurs et plus gris que de coutume. Les feuilles
des orangers et des citronniers, pétrifiées par

[1]. Les notes qui suivent étant les dernières recueillies, je démontre que j'ai procédé à rebours — non pas à dessein, mais mû par la conviction qu'un livre comme celui-ci n'exige pas une classification précise... Que l'on dépeigne un fleuve de son embouchure à sa source ou de sa source à son embouchure, le résultat est le même... D'autre part, en débutant par des considérations sur le dernier hiver (qui n'a pas de précédents en Provence) je prouve non seulement de la sincérité mais encore du courage... Les riverains ne me pardonneront jamais d'avoir avoué qu'il m'a fallu allumer du feu pour échapper à l'onglée — mal inconnu jusqu'ici dans ces parages.

un froid inconnu jusqu'ici, sonnent comme des crotales en s'entrechoquant sous l'âpre baiser du mistral. Se peut-il que les méchancetés du thermomètre opèrent de tels changements !... L'Ancien Testament laisse entendre qu'il ne gelait pas au Paradis... Le Paradis n'est-il plus la Provence ? Est-ce une légende à effacer ?

Il ne faudrait, pourtant, pas se presser de conclure que les exceptionnels frimas de cette saison (1894-1895) rangent, définitivement, le Midi provençal dans le nombre des pays où les calorifères et les fourrures sont indispensables durant cinq mois de l'année. D'après mes propres observations et au dire des vieillards indigènes, à la veille d'atteindre la centaine, oncques on ne constata neiges et glaçons pareils ! C'est, paraît-il, la première fois que mon fourreur Labroquère — le directeur de la Compagnie Russe du boulevard Haussmann, à Paris — a dû dépêcher à ses clients et à ses clientes — ensauvés de la capitale — leurs pelisses d'astrakan et leurs jaquettes de martre ! A l'ordinaire, c'est de coutil et non de drap qu'il faut garnir sa valise quand on débarque en cette zone. Si la flanelle y figure, c'est à l'état de tissu presque ignoré et lorsqu'il s'agit d'excursions matinales en mer ou de parties de lawntenniss... Les sports (anglais et autres) sont (la statistique l'affirme) les uniques causes des refroidissements et des rhumes, dans le Var et les Alpes-Maritimes

. . . .

Considérations culinaires.

J'ai mangé hier soir du mouton d'une qualité rare. Il a procuré à mon palais des sensations qui lui étaient restées inconnues depuis mon séjour chez la Patti à *Craig-y-nos-Castle*... Une côtelette ou une selle succulente, dans le pays welche où l'herbe pousse drue, verte et tendre, c'est naturel ; mais rencontrer la même saveur dans les fibres d'un animal broutant sur un sol aride et pelé, voilà qui est véritablement incroyable ! L'agneau de la Crau est, paraît-il, célèbre dans les fastes culinaires. J'en ai fait l'expérience. Me voilà fixé.

. . . .

Le poisson de la Méditerranée ne vaut pas celui de l'Océan. (Je parle de son goût.) A part le rouget, qui possède — grâce aux herbes qu'il broute au bas des roches submergées — un fumet spécial et un relent *sui generis*, je trouve à la majorité des habitants de la mer bleue une chair fade et sans *caractère*. Et la bouillabaisse, me direz-vous? D'accord : je vous concède que cette polenta exerce sur les papilles de la langue une action puissante. Mais n'oublions pas l'ail, l'oignon, la tomate, le safran, l'huile et les épices innombrables qui donnent du ton à l'union (trigame) du loup, de la rascasse et de la langouste.

S'il ne brille pas par sa saveur, le poisson de la Méditerranée enfonce ses camarades des autres mers par l'éclat de son costume. On dirait que tous les satins, tous les velours, tous les métaux et toutes les gemmes de l'Orient se sont assemblés pour composer son accoutrement. L'azur du ciel, l'or du soleil, l'argent de la lune et le scintillement des étoiles se reflètent sur ses pourpoints, ses collerettes, ses robes et ses *smoking-jaquets!*... Hier, j'ai tenu dans ma main un fretin gros comme mon petit doigt : je déclare que la palette de feu Delacroix eût paru barbouillée de suie, auprès des innombrables nuances — toutes plus vives les unes que les autres — de son justaucorps émaillé.

Si les poissons de la Méditerranée ont de bien beaux habits, ils ont, en revanche, de bien vilains visages. On dirait des gentilshommes du temps jadis, pompeusement parés — comme on en voit dans certains musées. Leur figure dure, cruelle, difforme même, surmonte une « tenue » taillée dans des étoffes admirables, mordorées et enrichies de pierreries, sans oublier le surcroît des colliers de saphirs et d'émeraudes enchâssés dans des montures d'un travail superfin.

. . . .

Ce matin, Moussepin et Ganetti sont venus me réveiller dès l'aube.

Ganetti est le patron d'une barque de pêche grande comme un you-you. Moussepin (vous l'avez deviné) est son aide. Il a dix-sept ans, il est paresseux, il est menteur — mais il est si gai, si bon enfant ! Il ne ferait pas de mal à un bec-figue !

Nous devions traîner le filet dans la rade. Je

me suis levé à grand'peine, car il n'y a pas à dire, cette année, il fait froid. Durant la journée, ça va encore, grâce à messire Phœbus, qui promène son *Chouberski* sur le littoral ; mais le soir et le matin, un vent d'Est vous coupe la figure en quatre et vous fait grelotter à la façon des eucalyptus étonnés de cette température insolite.

Ganetti m'a d'abord secoué fortement pour me tirer de mes couvertures. Et, comme je ne bougeais pas, il m'a hurlé mon nom, à même la figure. Le but que ses secousses et ses cris n'avaient point atteint fut immédiatement obtenu par son haleine !...

Jamais on n'a senti l'ail à ce point !

Je soupçonne Ganetti d'avoir ingurgité la veille tout l'aïoli préparé de Marseille à Vintimiglia !...

Vite à bas du lit.

Moussepin, qui m'attendait dans la barque, tira son bonnet phrygien et me montra dans un large sourire quarante dents pour le moins.

Et sans plus tarder il m'emprunta mon tabac.

(*N.-B.* — Moussepin, qui fume la pipe, a toujours oublié son tabac.)

. . . .

Traîné le filet; rien relevé autre qu'une araignée de mer et deux langoustines.

Mince de capture!

. . . .

Parlons un peu des hôtels du littoral. Tous ou presque tous sont tenus par des Suisses. Le Suisse est né hôtelier. Non content d'*auberger* sa patrie, il *auberge* le monde! L'Italie, la Grèce, l'Égypte, l'Algérie sont devenues sa proie. Sa fièvre *aubergisante* bat son plein partout. Sur le haut de l'Himalaya comme au pied du Vésuve, vous trouvez un grand bâtiment contenant deux cents chambres, ascenseurs, etc., où un aimable Zurichois ou Bernois vous offre des lits marmoréens et du gruyère authentique, sans oublier le poulet de table d'hôte découpé de telle sorte que tous les convives ont des os... Quant au blanc de la volaille? cherchez-le, et si vous pouvez m'en montrer une parcelle, je vous offrirai la pomme traversée par la flèche de Guillaume Tell.

J'admirais tout à l'heure les restes d'un arc triomphal — un morceau d'arènes et deux troncs de marbre, vestiges de l'installation des Romains en ces lieux. On a déterré les statues ces jours derniers. Ces torses superbes proviennent sûrement d'un temple dont l'emplacement est attesté par des fondations indubitables.

Et devant ces épaves, me voilà rêvant aux païens et à leur religion charmante... Pourquoi ne serait-elle pas la bonne, la vraie? Voyons: étant donnée la quantité de mondes épars dans l'éther, avec des habitants qui ont tous leurs passions comme vous avez les vôtres — l'idée d'une administration simplifiée est-elle si déraisonnable? Il n'est pas admissible qu'un seul Bon Dieu suffise à tant de choses. Et le paganisme, en adjoignant des sous-ordres à son Jupiter, n'a pas, j'imagine, agi capricieusement. Une déesse pour l'amour, un dieu pour le commerce, et d'autres encore pour la culture, les accouchements, la guerre, la sagesse, la paix, etc., c'est, en somme, M. Faure avec des ministres qui se partagent l'intérieur, la justice, l'instruction publique, etc.

Et puis, si l'on déchaîne ses passions, si l'on obéit à ses vices, n'est-il pas exquis de courir vers un temple où, moyennant le sacrifice d'un poulet ou d'un agneau, vous êtes absous, *subito*, de vos péchés… et libre de recommencer ?

Je m'aperçois que je suis bien irrévérencieux… et aussi bien irréfléchi : les poulets et les moutons sont si chers à Paris que les Parisiens se ruineraient en deux jours à vouloir, grâce à des victimes immolées, obtenir leur pardon des dieux ! Et les Parisiennes !!! Les malheureuses s'endetteraient chez tous les bouchers ou marchands de volailles si elles s'avisaient de demander rémission de leurs péchés à des offrandes expiatoires… Leur note monterait au point que Vénus elle-même n'arriverait pas à les affranchir de la prompte visite de l'huissier !

. . . .

J'ai été à Cannes, où je n'ai pas posé l'orteil depuis vingt ans. Les stations adoptées par les hautes préférences (j'entends celles des souverains et des millionnaires) exhibent, seules, des changements pareils ; au lieu et place de l'obscure bourgade de jadis, j'ai retrouvé la plus opulente agglomération de palais et de villas qu'il soit possible de rêver ! La collaboration de l'architecture, du jardinage, d'un sol généreux et de l'ordinaire bienveillance de la température, a engendré un véritable éden — un éden extra moderne, où les Èves — qui arrachent leurs pommes d'or aux orangers ployant sous le faix — sont habillées par Rouff et coiffées par Marie Vacher. Le gel qui sévit aujourd'hui m'empêche d'en vouloir au couturier du boulevard Haussmann et à la modiste du boulevard Malesherbes, d'avoir voilé les charmes des jolies hivernantes. Et pourtant c'est dommage. Une « académie » de femme debout en ces parterres délicieux et accoudée au tronc d'un palmier superbement empanaché, quel tableau ! Hum !...

En ce qui concerne les Adams de Cannes, je serai plus réservé. Ils sont bien — tels quels — sous leur costume de tennis. N'ayant point de goûts « wildesques » je leur sais même gré de dérober leur plastique sous des complets de *home-spune*.

Une considération toute locale :

Autrefois, les quartiers proprement urbains étaient enserrés entre la mer et le chemin de fer.

Maintenant, le boulevard Carnot — voie magistrale de vingt mètres, qui franchit la ligne ferrée et gagne, en ligne droite, le Cannet, village situé à deux kilomètres de distance — semble avoir emporté avec lui, vers la montagne, la sympathie des acquéreurs de terrains. C'est évidemment de ce côté que la ville s'étendra. Du reste, la vogue dont jouit le coteau dit de la Californie corrobore mes prédictions... Je pourrais dire mes prédilections, car j'ai fait aux environs du site nommé le Grand Pin, à l'est du Cannet, une de ces promenades qui demeurent dans la mémoire à la manière des émotions rares. On jouit, de ce point, sur l'Esterel, d'une vue dont tous les adjectifs louangeurs du dictionnaire ne sauraient rendre les enchantements... Ah! si je gagnais un lot de la ville de Paris, quel cottage je me payerais par là-bas!... Et si — comme un mien ami — j'avais réalisé, sur les spéculations aurifères du Transwall, un million et demi, quel château j'y planterais avec parc, potager, pièce d'eau et tout ce qu'il faut pour devenir le seigneur et le bienfaiteur de la contrée!

. . . .

Rencontré Mariani, le propagateur du vin de Coca, — l'homme le plus aimable et le plus utile de cette fin de siècle. Ce lanceur pharmaceutique a, paraît-il, préféré la Coca à la Cola dont il a également découvert les propriétés thérapeutiques. En sorte qu'on peut l'appeler Christophe-Cola — *à peu près* d'une résonnance plus harmonique que l'autre.

. . . .

CHAPITRE II

Nice.

Certainement, l'avenir est prochain où de Nice à la frontière italienne on ne trouvera plus, sur la rive méditerranéenne, de quoi bâtir le moindre vide-bouteille ! Chaque année je constate, en nombre infini, des villas nouvelles le long des plages devenues trop étroites. Les pentes des Alpes, qui regardent la mer, se hérissent de constructions de toutes espèces et de toutes dimensions, qui semblent monter à l'assaut des sommets. Cet engoûment — que je partage avec les gourmets de soleil et de fleurs — présente un grave inconvénient : les fondations des immeubles et des murs d'enceinte exigent qu'on arrache des orangers et des citronniers, en sorte que la production de ces fruits savoureux est menacée de tomber à un résultat insignifiant ! Les gelées ont déjà porté un coup fatal à ces arbres utiles. La pioche et la truelle sont en train d'achever l'œuvre néfaste de cet hiver !...

Je ne me consolerai pas facilement de la disparition de l'orange *française*. Vous me direz que celle de l'Algérie est française aussi, mais elle n'a point, selon moi, un caractère aussi franchement national... L'épithète de coloniale qu'on lui peut appliquer en fait notre compatriote par ricochet. Et puis, la mandarine et l'orange de Nice et de ses environs ont une saveur à part, un parfum absolument unique.

N'oublions pas non plus la fleur d'oranger dont on praline les pétales en quantités telles que leur vente, combinée avec le commerce des fruits confits, enrichit annuellement des centaines de confiseurs, dans le Var et dans les départements voisins.

Incidemment, je mentionnerai une innovation qui relève de cette industrie. Elle consiste à revêtir des feuilles de roses du Bengale d'une couche de sucre cristallisé. Cette opération donne un bonbon assez agréable, et, pour peu qu'on l'associe, dans une boîte, à des violettes accommodées de la même façon, l'œil est caressé par l'accolement des deux nuances. De là à proclamer que ces friandises sont le *nec plus ultra* des régals du palais, il y a un abîme. Je parle en coloriste plutôt qu'en fine bouche et, en fait de comestibles de ce genre, je suis de l'école du bohême répondant à une Parisienne qui lui tendait le sac de marrons glacés reçu, le matin, d'un de ses adorateurs :

— Merci, madame, je n'use du marron que quand il y a de la dinde autour.

Pour en revenir à la question de l'oranger niçois, menacé d'une fin lamentable, je dirai que la fleur de ce végétal joue, en dehors de la confiserie, un rôle important. N'est-elle pas l'emblème de la vertu et ne faut-il pas redouter que son absence du sol français ait sur la vertu française une influence regrettable? Les fiancées, qui tiendront à se marier avec une couronne et un bouquet naturels, n'auront peut-être pas la force d'attendre les arrivages d'Afrique; et les fiancés, dans un empressement inflammatoire que nous devons excuser, seront d'une éloquence médiocre lorsqu'il s'agira de calmer leur aimable impatience. Je n'ignore pas que les fabricants de fleurs artificielles sont arrivés à un tel degré de perfection que les prunelles les mieux exercées n'y voient goutte, mais la narine n'est point facilement dupe de leurs stratagèmes... et l'on ne pourra tromper à ce jeu que les mariées enrhumées du cerveau !

Ce sujet me rappelle une aventure qui remonte à quinze ans. Je chassais dans le Nord sur des terrains fertiles en betteraves mais où l'oranger est à peine connu de nom. J'étais descendu dans une auberge d'ordre tout à fait inférieur — la seule qu'il y eût dans ce village primitif — et, m'étant trouvé incommodé par la bière aigre du cru, je réclamai avec insistance une infusion de feuilles d'oranger. Le breuvage qui me fut servi ne fit qu'accroître mon malaise. On comprendra l'aggravation de mon cas quand j'aurai dit que l'hôtesse prépara ma tisane avec des feuilles arrachées à sa couronne artificielle d'épousée flamande. Cette verdure de papier teinté et enduit de colle, manquait, hélas ! des propriétés stomachiques indispensables à ma guérison. Aussi, je passai une nuit absolument... orageuse.

. . . .

Assisté l'autre jour à une bataille de fleurs. On estime qu'il s'est lancé, dans l'espace, pour plus de dix mille francs de violettes et de roses et que la décoration de certaines voitures a coûté plus de cent louis! Le fait est que la chaussée réservée à la lutte était, à la fin, littéralement couverte d'une litière tellement odorante que l'on se sentait comme grisé de parfums!

Les épisodes comiques n'ont point manqué. Colère d'un gros monsieur dont l'œil fut poché par un bouquet d'héliotropes. Chapeaux défoncés par des bottes de primevères... J'ai reçu moi-même des projectiles odorants en plein visage et mon nez gardera longtemps la mémoire d'un faisceau de jasmins lancé d'une main sûre.

A mon avis, cet exercice est divertissant pendant une demi-heure. Passé ce délai, l'exclamation de Calchas vous vient aux lèvres... Je reviendrai sur ce sujet.

. . . .

Si j'habitais Nice, ce n'est ni sur la promenade

des Anglais ni dans la ville nouvelle (dont le boulevard Gambetta figure l'axe central) que j'établirais mes pénates... J'ai toujours, et en tout temps, professé pour la colline de Cimiez une sympathie particulière. On y a toujours chaud et la culture s'y révèle exubérante et généreuse. Des arbres magnifiques ombragent les chemins. Ce qui prouve, d'ailleurs, la justesse de mon engoûment, c'est le récent établissement d'hôtels gigantesques dans ces parages — sans oublier des castels mirifiques en voie d'achèvement.

Le coteau est présentement desservi par un tramway électrique qui rend son accès pratique.

Le cimetière qui jouxte l'abbaye de Cimiez — une abbaye véritable avec des vrais capucins, capucinant comme avant les décrets et les droits d'accroissement, — ce cimetière, dis-je, qui est un but de promenade dont je ne saurais trop préconiser les charmes, a l'aspect quasi riant des antiques nécropoles italiennes. La mort n'y paraît point effrayante et les plus timorés s'en reviennent de cette excursion sans avoir perdu un milligramme de leur appétit habituel. Au contraire.

. . . .

CHAPITRE III

Golfe Juan, Antibes.

Habent sua fata... excursiones !

Qu'on me pardonne ce latin de cuisine imposé par les événements ! En grimpant l'autre matin les pentes exquises des environs du cap, le hasard m'engagea dans un sentier si rude qu'il eût découragé la plus téméraire des chèvres tyroliennes. C'est vous dire que ce chemin, abrupt et accidenté, réclame — des poumons qui s'y aventurent — une vigueur sans défaillances. J'imagine que, n'était la beauté du panorama, on renoncerait vite à cette ascension... mais les enchantements du spectacle sont tels qu'ils vous font oublier fatigues, suffocations et le reste. Et puis, la nature vient en aide aux touristes courageux. A l'un des coudes de cet âpre lacet — qui domine de cent mètres la Méditerranée — un rocher, en forme de banc, émerge du sol. Sa surface polie indique qu'il sert fréquemment et permet aux éreintés de reprendre haleine.

Or j'étais assis sur ce siège, abîmé dans la contemplation du site, quand un vieillard d'une robustesse peu commune m'apparut tout à coup. Il était coiffé d'un chapeau de paille, et son corps, droit comme un mât, portait avec aisance un pantalon et un veston de laine brune audacieusement rapiécés aux endroits les plus *shokings*. Sa chemise de flanelle fortement encrassée et les espadrilles éculées et béantes dans lesquelles il avait passé ses pieds nus, trahissaient un mépris absolu du gandinisme moderne : un tablier de coton bleu à poche abdominale indiquait un labeur grossier... J'ai su, depuis mon entrevue, que ce sexagénaire est un des marchands les plus achalandés de la contrée, qu'il fait un très gros chiffre d'affaires, emploie 30 aides et jouit d'une sérieuse fortune... Mais je poursuis. Sa main ridée et sillonnée de veines, dont le relief rappelait certains cartonnages géographiques, était d'un ton brique pareil à celui de son visage. Mon œil exercé se trompe rarement à cette teinte spéciale. Le grand air, seul, a la propriété de bistrer ainsi les peaux qui le bravent en toutes saisons.

Du reste, un sécateur — qu'il tira vivement du sac-capharnaüm appliqué contre son ventre, pour étêter un buisson de géraniums sauvages — acheva de préciser mon diagnostic... C'était bien un jardinier.

Je me demandais en quel point de ce roc gigantesque il exerçait sa profession quand il me dit d'une voix éraillée avec l'accent du cru :

— Plus je vous *osserve*, et plus je me pense que vous êtes *étraneger*.

— Je le suis... répliquai-je en m'épongeant le front.

— Quand on est d'ici, on a beau monter, on reste sec, continua le bonhomme. Ainsi moi, je grimpe au jardin, sur le plateau, plus de quatre fois par jour... Je ne *mouille* pas de quoi coller un timbre-poste !

— Comment ! vous avez un jardin sur le plateau ?

— Je dis le plateau, mais c'est à mi-*cote*, au bas d'une roche dont vous voyez la *poinete* entre les *peins*, là-haut à *goche*...

— Ah!... Et peut-on le visiter, votre jardin?

— Eh! que oui!... Si monsieur est amateur de plantes... des plantes de Provence surtout, il pourra dire qu'il n'y a pas, de Toulon à Nice, un plus fier jardin que celui de Ganasse. Êtes-vous prêt à partir? Oui! *Ane* route, *alorse!*

. . . .

Béni soit le jardin du sieur Ganasse (Pierre-Émile)!... Lorsqu'on y a passé une heure, on connaît la flore du littoral mieux qu'un botaniste appointé par l'État! Joignez à cela que Ganasse, — dont je ne soulignerai plus l'accent coloré — présente ses « élèves » avec une clarté séduisante; qu'il sait énoncer à propos des détails pratiques et n'abuse pas des noms latins... Jugez plutôt:

— Cher monsieur, comme vous voyez, ma culture spéciale s'adresse aux fleurs et aux primeurs. J'ai bien quelques arbustes; vous reconnaissez dans ces buissons de droite des camerops, des phenix, des formiums, des theris, et à gauche, des araucarias, des bambous. Mais, ce n'est pas le plus important de ma vente...

J'estime qu'on peut plus efficacement engraisser et fumer le sol... Car enfin, notre humus est généreux, mais pour qu'il produise les bouquets splendides que vous admirez tant, il nous faut la terre de bruyère et du terreau de châtaignier. Comme nous les prenons à Milan ou à Taglia, vous comprenez les frais, hein? Je ne parle pas du fumier local... Finalement, le commerce revient cher, allez! mais je ne me plains pas. Moi j'ai, comme à Cannes, de l'œillet toute l'année et, en plus, du réséda, de la pensée, des roses, des violettes, des cyclamens, des giroflées, toujours sans interruption, et non pas en serre, non!... en plein air, sous l'œil du bon Dieu! Je ne suis pas le seul : il y a même des confrères mieux partagés que moi sous le rapport des anémones, des primevères, des renoncules et — en arbustes — des camélias et des gardénias.

Parlant ainsi, Ganasse me montrait du bout d'un bâton toutes les plantes qu'il énumérait...

et c'était, je vous jure, un régal aussi cher aux yeux qu'à l'odorat. Il reprit :

— Tenez, si l'année n'avait pas été tardive, ces massifs de rhododendrons seraient en pleine floraison, tandis qu'ils ont à peine quelques boutons épanouis. Sans le mistral qui a tout brûlé, je vous montrerais du lilas blanc. Pour ça, il faudra revenir le 15 du mois prochain... Nos envois se ressentent de la saison. L'autre jour, j'ai expédié vingt bouquets en Russie : les violettes sont arrivées en compote et le reste n'en valait guère mieux ! La fleur « péniblement fleurie » est moins résistante. Alors j'ai pris le parti de garnir mes boîtes de « ouate en double épaisseur ». C'est comme vous, pas vrai ? si vous avez trop froid : vous mettez deux gilets de flanelle !

— Vous n'humectez pas les fleurs avant de les mettre en route ?

— Quelques gouttes d'eau à peine. Mes expéditions en Suède, en Écosse, sont généralement plus heureuses que celles vers l'Orient... Expliquez ça !

— Mais, en été, vous vous croisez les bras ?

— Il y a moins à faire : la floraison se borne à

peu près au zinia, au myosotis, aux balsamines...
Ce n'est pas la cueillette des figues et des
prunes qui nous prend du temps! mais il s'agit,
mon cher monsieur, d'abriter certaines espèces,
de les remettre dans des pots et de les porter à
l'abri du soleil. Et les semis? (car nous semons
nos fleurs à ce moment). Ça commence en avril :
vingt jours après, la plante montre sa tête pour
s'habituer à la rôtissoire de là-haut, sans doute!
Croirait-on qu'une petite giroflée de rien sup-
porte 38 degrés de chaleur! Il est vrai qu'on
arrose ici deux fois par jour. J'ai du monde qui
n'a pas d'autre occupation.

— Et les arbustes?

— Eux? on les met sous des hangars ou sous
des tentes et on les « seringue »... Mes hommes
ressemblent à des garçons apothicaires de l'ancien temps...

Comme nous franchissions une haie d'aloès
séparant deux carrés, Ganasse se mit en colère,
il s'était piqué la jambe.

— En voilà une satanée espèce!... c'est le
chiendent de la Provence, on ne peut pas s'en
débarrasser, vous êtes bien heureux à Paris; les

vôtres, qui sont en zinc, ne poussent que chez les quincailliers et vous n'êtes pas forcés d'en acheter. Enfin! les nôtres nous servent de clôture, c'est toujours ça! Et puis la tige de la fleur coupée en morceaux sert à repasser les couteaux et les rasoirs; les coiffeurs nous en demandent, mais ils se gardent bien de divulguer la chose. Les débitants de cuirs et de pâtes affilantes seraient ruinés!

C'est au cours de cette mémorable conférence que j'appris qu'une plante grasse très commune, poussant sur les rocs les plus arides et faufilant ses rejets pleureurs partout, exhibe, sans apprêts ni soins d'aucune sorte, des fleurs de toutes nuances et une graine médicinale. Son nom? *Mesenbrontium*... Vous voilà bien avancés, hein! J'appris également une chose... que je savais, c'est-à-dire qu'il y a *mimosa* et *mimosa*, un mimosa très beau qui sent mauvais, et un mimosa moins beau (celui qui abonde sur nos marchés) qui embaume. La première variété se distingue par le vocable bizarre de *Dealbata*.

— J'entends dire, s'écria tout à coup mon horticulteur, que le monde se refroidit et qu'il fait moins doux maintenant en Provence que jadis. Eh bien, comment se fait-il qu'à mesure que le temps marche, la végétation s'y révèle de plus en plus tropicale? Expliquez que de Toulon à Vintimiglia la culture des fleurs n'a jamais été plus active et plus prospère! Je vous citerai des endroits — à Monaco par exemple — où l'on a mangé des bananes excellentes, nées sur les lieux mêmes... Plus tard peut-être les dattes se mettront de la partie et enfin le cocotier — auquel il ne manquera même pas des singes tant qu'il y aura des frimousses comme celle-là sur la côte.

Ce disant, Ganasse arrêtait par l'oreille un gamin qui passait :

— Où vas-tu, Mottino ?

— Eh ! *padrone*, mettre la toile sur le pêcher.

— Ah ! c'est vrai ! il y a là-bas, contre le mur, un pêcher en fleurs, et il suffirait que le mistral se faufile dans ce coin... Que disions-nous donc ? Ah oui ! je prétends qu'à aucune époque le végétal d'essence exotique ne s'est mieux comporté. Ainsi, allez à Bordigherra... Toujours on y a élevé des palmiers, pour le commerce. Savez-vous qu'on en vend aujourd'hui quarante fois plus qu'en 1870 ? On en a planté partout, et ce sol, qui convient à l'espèce, s'est montré d'une telle générosité qu'il en sort des forêts jusqu'au bord de la mer !... Et l'on a pour 75 louis un arbre à palmes superbes — de 20 pieds de haut — que l'on aurait payé jadis six et huit mille francs ! Je vous engage à visiter Bordigherra. C'est curieux à n'y pas croire !... Moi, je ne fais pas de palmiers, à proprement parler. Je suis en train d'essayer de multiplier un arbuste qu'on nomme Diospiros ou Caquette — lequel fournit un fruit excellent dont l'apparence rappelle la tomate. On le cueille en novembre et on le dépose sur de la paille où il mûrit assez vite pour être mangé à la Noël. C'est une espèce de nèfle, en somme ! Mon avis est qu'on néglige à tort les végétaux qui ont, non seulement un feuillage persistant et plaisant à l'œil, mais nous octroient, par-dessus le marché, un excellent dessert. Je le répéterai sans cesse : on manque d'initiative en Provence. Chaque coin se cantonne dans sa spécialité. Marseille a toujours sa figue à la bouche ; aux environs de Grasse, ils ne s'occupent que de leurs fleurs d'oranger pour les essences, la confiserie. Il est vrai qu'ils en ont toute l'année, même par les grands froids. Aussi, quand surviennent, en hiver, des mariages chics en n'importe quel pays, vite on télégraphie au Golfe Juan; on est sûr que l'on en recevra le bouquet traditionnel en fleurs naturelles et odorantes... tellement odorantes que des mariées en ont contracté des migraines très désagréables pour le mari (quand elles se prolongent au delà de la messe et de la mairie!)...

Ganasse, heureux de sa plaisanterie gauloise, se rengorgea, mais juste le temps de songer à finir sa philippique.

— Cannes, je vous l'ai dit, fournit les plus beaux œillets du pays et s'en contente. Roquebrune qui est perché là-bas, au-dessus de Menton, est fier de ses citrons. Montboron prétend que ses oranges valent celles de Nice. Quant à Antibes et ses environs, je vous défie de trouver, ailleurs et plus tôt, des petits pois plus moelleux, des tomates d'un goût plus franc, des fraises plus sucrées, et cela au mois de janvier, s'il vous plaît!

Et, joignant la preuve à l'allégation, mon cicerone me fit escalader un gigantesque escalier

dont chaque marche, garnie de terre retenue par des moellons, portait les légumes et les fruits cités tout à l'heure. J'étais émerveillé, car je songeais à l'âpre bise des dernières semaines. Mais je me rappelai les paroles d'un autre maître jardinier : « Certes, me disait cet expert ès végétaux, la protection contre l'orage en été et, en hiver, contre le vent du Nord — c'est-à-dire contre une température méchante, est pour beaucoup dans la production des primeurs, mais je prétends que le terroir y concourt davantage. N'oubliez pas d'ailleurs que notre sol reçoit d'en bas la chaleur que l'on crée artificiellement dans les serres... Les récents tremblements de terre vous prouvent qu'il existe et persiste, sous nos pieds, un calorifère qui fonctionne sans arrêt et nous fait des misères — si, par aventure, son tube de dégagement vient à s'obstruer. »

Ce savant cultivateur me tenait ce propos à Hyères, l'année qui suivit les écroulements et les secousses terribles de Menton, Nice, etc. J'avoue que la nuit qui suivit ces paroles — un voyageur de la chambre voisine de la mienne ayant roulé un fauteuil — j'eus un de ces tracs que m'eussent épargné des considérations moins géologiques... Je crus à un nouveau chaos du sol et je pensai, un instant, laisser, sous les décombres de l'hôtel, ma dépouille détériorée, défigurée, pulvérisée...

Horrible spectacle... et... désagréable hypothèse !

CHAPITRE IV

Cannes.

Autres impressions sur Cannes.

J'ai eu, il y a quatre ans, l'imprudence d'écrire que l'on trouve, dans certaines anses désertes du littoral, des sites où l'on peut vivre plantureusement avec de très minces revenus. Mes lecteurs me croiront-ils si je leur dis qu'aujourd'hui encore je reçois des lettres où l'on me prie de préciser et de fournir l'itinéraire qui aboutit à ces édens ? Tout d'abord le bataillon des décavés m'a assiégé d'épîtres, et puis ç'a été le tour des petits retraités qui, sur leurs vieux ans, ont besoin de repos et de chaleur. Ensuite j'ai subi l'irruption des rhumatisants renforcée de l'assaut des catarrheux...

Les amoureux ont donné en dernier, et c'est d'un couple tendre et uni que m'arriva, par ricochet, le billet suivant :

« Nous avons quarante-cinq ans à nous deux. Je l'aime, elle m'aime. Ses parents m'ayant refusé sa main, je l'ai enlevée, et grâce aux dix mille francs de rente que j'ai touchés à ma majorité, nous vivons heureux depuis six mois. Seulement, au prix où sont maintenant le foie gras et le caviar, on ne va pas loin avec si peu ! Vous m'objecterez qu'il n'est pas indispensable de se repaître de ces comestibles. Je le sais, monsieur, aussi est-ce en manière d'image que je les ai cités, j'ai voulu dire que Paris offre des tentations auxquelles il convient de se soustraire lorsqu'il est pénible de leur résister. Nous voulons, elle et moi, quitter la capitale et nous réfugier dans un coin du Midi, poétique et bon marché ; vous avez imprimé que vous connaissiez notre affaire... Vite un renseignement et vous serez béni par... etc. »

Je pourrais profiter de la question de mon jeune correspondant pour entreprendre une conférence sur la persistance problématique et la longévité contestable de l'amour et lui crier : gare !... Les Daphnis et les Chloé abondent; plus rares apparaissent les Philémon et les Baucis ! La retraite, l'isolement, le pain bis, le lait bourru et les oiseaux gazouillant dans le feuillage, c'est charmant quand on se connaît depuis peu et qu'on est dans la période inflammatoire. Mais, arrivent les lustres : on exige, malgré soi, que la belle nature soit agrémentée de distractions; le besoin du cercle, du casino, du spectacle se fait sentir. Bref on a vu des affections robustes — que dis-je? — des passions ardentes s'éteindre subitement dans la solitude. Aussi bien n'ai-je pas besoin d'évoquer des exemples à l'appui de ma réplique. Il n'y a plus lieu, hélas! de parler d'anses désertes et de coins pittoresques et sauvages!

Peu à peu, les caps déserts se sont peuplés. Leurs terrains, divisés par lots, sont devenus la proie de la spéculation, et l'existence à prix réduits, mentionnée par moi jadis, est devenue un mythe. Des hôtels se sont partout bâtis qui ont fait monter haut les plus communes denrées. Les primeurs sont achetées sur pied et réglées en beaux louis comptants. Les pêcheurs embrigadés travaillent exclusivement pour les auberges, et si l'on va faire un tour sur les marchés, on n'y trouve que des comestibles défraîchis et avariés : le rebut dédaigné par les chefs et les restaurateurs ! Bref, si le progrès continue à s'affirmer de la sorte, il n'y aura plus de différence entre le plus infime village de la côte de Provence et notre brillant Trouville de ruineuse mémoire.

C'était fatal !... De tous les points du globe ont afflué ici des gens riches, songeant avec raison qu'il faut être bien sot — quand on en a les moyens — de rester là où il neige, et où la végétation grelotte, alors qu'il est une rive où le vent du Nord est inconnu et où les radis, les artichauds et les pommes de terre se récoltent dès le mois de décembre !

Tout ce beau monde qui ne regarde pas à la dépense est devenu pour l'indigène une proie dont il s'empare à la façon d'une pieuvre... Bien avisés ceux qui savent se défendre de ses tentacules et se soustraire à des additions dont le total frise la dot d'une héritière. Je sais des restaurants où, présentement, l'on déjeune en plein air, sous des palmiers gigantesques et dans des bosquets de mimosas. Ah! par exemple, les œufs à la coque s'y payent littéralement au poids de l'or.

Excessivement rares, et clairsemées, les posadas où l'on peut apaiser sa faim et sa soif moyennant une somme modeste.

Toujours domine l'Anglais dans cette population flottante, aussi peut-on affirmer que le commun des martyrs est obligé de subir les goûts des insulaires et de se soumettre à un régime tout à fait britannique. Celui qui ignore le *lawn-tennis*, ne fait pas de *yachting* et n'entreprend pas de marches homériques dans les montagnes, est réduit à lézarder au soleil... Et il finit par s'ennuyer. Certes, un oranger chargé de fruits est un bel arbre, mais on ne peut pas se lever le matin pour le contempler jusqu'au coucher du soleil! Les grands centres comme Cannes et Nice offrent des ressources avec leurs plaisirs, leurs concerts, leurs bals, leurs théâtres et leurs cercles où le baccara règne d'une façon constitutionnelle. Mais est-ce bien l'existence qui convient à des gens accourus pour *se requinquer?* Les femmes, elles, ont la ressource du bavardage... mais les hommes, que la toilette de Mme A... ou le flirtage de miss B... laissent insensibles, sont obligés de se rabattre sur des distractions moins creuses...

Dans toutes les localités se sont établis des tirs aux pigeons dont le tort est de provoquer de trop fortes dépenses. Il en résulte que des gens qui se consacreraient volontiers à ce sport se l'interdisent. Car tout se paye : l'entrée, le coup de fusil et l'oiseau, sans compter les enjeux. Les vainqueurs se rattrapent sur le gain de leurs *matches*, mais les malchanceux en sont pour un nombre considérable de napoléons. Ils n'ont même pas la consolation de se repaître des pigeons qu'ils ont tués. Ces oiseaux, d'une espèce à part, sont particulièrement coriaces et il n'est pas au monde de petits pois qui les puissent faire avaler!

En même temps que les tireurs aux pigeons — gens de haute vie — accourent des petites dames qui, elles aussi, tirent le pigeon, mais avec d'autres armes que le fusil. Leurs prunelles leur servent de cartouches et elles manquent rarement leur coup!...

Une réflexion, en passant :

Ces créatures peu... farouches fréquentent toujours les mêmes localités. L'été, elles encombrent Aix de leur luxe ; l'hiver, elles envahissent la côte d'azur. On les reconnait et l'on suit, sur leurs visages, la marque des années. Chaque saison leur burine sur la figure quelque encoche nouvelle. C'est comme la planchette où le boulanger consigne, d'un trait de scie, le pain quotidien qu'il livre à domicile !

Je ne m'appesantirai pas sur l'existence de ces aimables veuves... si souvent remariées. Il en est qui tournent autour des tables où des monceaux d'or s'amoncellent et qui n'ont pas de quoi dîner, soit qu'elles aient follement perdu leurs pieuses économies, soit que, dans l'âme du joueur affairé, Plutus l'emporte sur Vénus.

— Quand j'ai gagné, me disait un célibataire, fanatique de la roulette, je ne songe qu'à rejouer pour augmenter mon gain. Quand j'ai perdu, je suis d'une humeur telle que la plus jolie créature de l'univers me paraît affreuse !

Et nunc erudimini... Mesdames!

Voulez-vous savoir, à mon sens, l'être franchement heureux ici, pendant que la neige poudre à frimas les toitures parisiennes? C'est le simple soldat que le hasard de ses garnisons successives conduit à Nice ou à Menton. Pendant que ses collègues — cavaliers ou fantassins — battent la semelle dans les casernes ou sur les trottoirs des cités du Nord, ils se ballade en coutil, et sa narine perçoit gratis sa part des parfums dont les fleurs saturent l'atmosphère.

Dernièrement, j'assistais à l'une des batailles de fleurs dont je parle en mon second chapitre (ce genre de guerre fait actuellement fureur dans les principales villes du littoral). On avait mis des pioupious de planton pour maintenir l'ordre. Il fallait voir comme ces bons troupiers riaient franchement! Dans leur prunelle luisait l'envie de lancer, eux aussi, les roses et les violettes, gisantes à leurs pieds, aux belles dames voiturées par des calèches transformées en parterres roulants.

Redirais-je que ces luttes à coups de corolles ne me transportent pas outre mesure? Tout projectile — qu'il soit parfumé ou non — a le don de m'agacer s'il m'atteint au visage; *à fortiori* l'enthousiasme m'abandonne s'il m'arrive droit dans l'œil, comme certain gardénia, l'autre jour.

Ce gardénia embaumait : la main qui m'avait visé était fine, jeune et bien gantée. N'importe ! je n'en étais pas moins aveuglé à moitié. Et aux gens qui me disaient :

— Comment pouvez-vous concevoir de la colère d'être touché, dans des conditions si poétiques?

Je répondais :

— Lorsque des anthropophages ont demandé au capitaine de vaisseau, qu'ils avaient fait prisonnier, s'il voulait être mangé bouilli ou rôti et servi par leur reine ou par des esclaves sur la table du roi, il leur répliqua par un mot roide, mais énergique.

La signification de ce mot était « ce qui m'importe, c'est de n'être pas occis : le reste m'est équilatéral! » Eh bien, il en est de même pour mon œil.

Je ne sais qu'une chose : il est malade pour plusieurs jours et la très gracieuse cause de mon mal ne viendra pas le bassiner... Elle continuera à rire et flirter tandis que j'inonderai ma paupière de collyre.

Un dernier mot :

Dans un tout petit endroit que je ne veux pas nommer, il est défendu de ramasser — pour les relancer encore — des bouquets tombés, durant le combat, sur la chaussée. Voilà qui est décent et sain... D'abord, je trouve, comme il faut, de provoquer par cette mesure de nombreux achats de bouquets. Ensuite, il me paraît plus propre de ne pas exposer les figures à subir le contact de fleurs qui ont traîné dans la boue et la poussière du macadam... Les grandes villes du littoral qui rédigent de si pompeux programmes devraient bien imiter ces modestes bourgades!

CHAPITRE V

Nice.

Jamais je n'aurais cru qu'il m'adviendrait — en Provence — l'honneur d'être incorporé dans une « société » de plus... J'étais déjà membre de plusieurs associations, basées sur l'amour du prochain ou visant des progrès d'une réalisation désirable. Et cela, pour plusieurs raisons : d'abord il ne m'a jamais déplu d'entrer dans une confrérie recommandable — à la condition toutefois qu'on ne m'insinue pas dans son comité d'administration et qu'on ne m'investisse pas d'une présidence incompatible avec mon manque d'énergie. Et puis, il est toujours agréable d'appartenir à un groupe d'hommes comme il faut et bien pensants; on se crée des relations... sans compter les séances où l'on s'amuse à blaguer les orateurs et à faire de l'opposition. (Je passe sous silence l'utilité de ces assemblées au point de vue matrimonial... — Où vas-tu, mon chéri ? — Tu oublies, ma bonne amie, que c'est ce soir la réunion hebdomadaire de l'*Œuvre antiapéritive*. — Ah ! oui, la répression de l'abus de l'absinthe... — Précisément... etc., etc., etc.)

Bref, toute agglomération d'individus poursuivant un but louable, doit être encouragée par une adhésion sincère. C'est pourquoi me voici à la veille d'être un *ami des arbres*... Vous avez bien lu : *un ami des arbres*. Il me fallait débarquer à Nice pour apprendre que les arbres ont des protecteurs volontairement embrigadés — des citoyens consacrant leurs efforts au reboisement général de la République française — des gens attentifs à la calvitie de certains territoires !

C'est dans ce chef-lieu (avenue de Beaulieu, 22) que siège la *Société des Amis des Arbres*, et le piquant de son programme consiste en ce que, pour en être, il suffit de s'engager à planter ou à faire planter, chaque année, au moins un arbre — à payer une cotisation annuelle de deux francs et à protéger les plantations d'arbres partout où elles existent. M. Jeannel, ex-inspecteur général du service de santé militaire, préside à cette entreprise d'un accès facile et de conséquences au moins inoffensives. Suivez-moi bien : vous donnez quarante sous ; vous priez un jardinier d'enfoncer un baliveau dans le sol et vous accablez de vos malédictions les amoureux qui détériorent les écorces en y gravant leurs initiales... Paf ! vous êtes de la *Société des Amis des Arbres* et vous avez le droit de le proclamer en lettres capitales, au-dessous de votre nom, sur vos cartes de visite !

Plaisanterie à part, je pourrais citer des syndicats qui ont de moindres droits à la sympathie publique ! Le reboisement dont, avouez-le, vous vous souciez comme d'un colimaçon, est chose grave, étant données ses conséquences multiples. Un ingénieur du nom de Rauch en fut l'apôtre au commencement de ce siècle. Dans un ouvrage en deux volumes, intitulé *Régénération de la nature végétale* et publié en 1818 par Didot l'aîné, il démontre que l'arbre est la richesse véritable d'un pays. Je vous engagerais à parcourir ces vieux bouquins si je n'étais persuadé que vous vous en garderez absolument... Je ne les ai pas lus, je le confesse, et il est probable que je ne les lirai jamais. Ce que j'en sais, c'est grâce à un brave médecin, partisan des idées de Rauch, qui reproduit dans ses Causeries du *Bulletin de Poche* les aperçus de son prédécesseur, agrémentés de citations instructives...

« Les barbares du Daghestan — dit Rauch — habitués à mener une vie nomade et à chercher sous les berceaux de la nature toutes leurs jouissances, ont une coutume fort sage, qui leur tient lieu de loi et qu'ils observent religieusement : personne chez eux ne peut se marier avant d'avoir planté, dans un certain endroit marqué, cent arbres fruitiers.

« Grâce à cette législation qui remonte aux âges les plus reculés, les montagnes, les collines, les vallées et les plaines de cette belle région de l'Asie se trouvent souvent couvertes de forêts d'arbres fruitiers. Là, chaque chef de famille est un véritable patriarche... L'Américain, lorsqu'il a un fils, plante un arbre à sa naissance; cet arbre porte le nom de l'enfant. »

Je ne garantis pas que ces habitudes patriarcales existent encore dans ces pays. Encore moins affirmerai-je qu'elles sont à la veille de régner chez nous. Le jour où l'on prend femme en France, on a autre chose en tête que la constitution d'un bois ou d'un verger et j'imagine que le marié auquel on dirait, après le festin nuptial :

— Un instant, jeune homme, avant de vous jeter sur le cœur de votre conjointe, prenez une pioche et une bêche sous le bras droit, un cerisier et un bouleau sous le bras gauche, et allez les enfouir dans l'humus qui leur est propice.

J'imagine, dis-je, que l'ardent fiancé répondrait :

— Je me fiche de votre cerisier comme d'une guigne... C'est vous que je vais planter là et c'est ma bien-aimée que je vais prendre sous mon bras pour l'emporter en Italie — jusqu'à Fontainebleau.

Il serait malséant d'en vouloir de son indifférence à cet époux, avant tout désireux de lâcher les gens de sa noce. Et pourtant, s'il savait les avantages du reboisement — avantages dont il profitera plus tard quand il sera blasé sur les enivrements de l'hymen — peut-être se ferait-il moins tirer l'oreille pour faire précéder d'une plantation utile le premier quartier de sa lune de miel. Et tenez, sans aller plus loin, si dans l'avenir le gaillard attrape la passion de la pêche à la ligne, il applaudira au reboisement de toutes les rives de nos cours d'eau recommandé et réclamé par le savant disciple de Rauch... Tout le monde a remarqué que, sous prétexte de halage, les berges des fleuves et des rivières sont d'une nudité désolante.

L'amateur de goujons y attrape rarement sa friture, mais il y attrape toujours un coup de soleil — dont il serait sûrement affranchi s'il jetait sa ligne commodément installé à l'ombre d'un rideau de peupliers...

De plus, il est notoire que les ondes où des arbres mirent leurs branches touffues sont remarquablement poissonneuses. Il n'est pas nécessaire d'être sorcier pour expliquer ce phénomène. Des arbres tombent constamment des insectes, et comme les insectes constituent le menu ordinaire des poissons, il est tout naturel qu'ils accourent et s'assemblent là où ils sont sûrs de trouver une pâture copieuse.

Le reboisement présente des conséquences plus sérieuses qu'un forestier vous expliquerait mieux que moi... Là où l'arbre croît, jaillit la source — c'est-à-dire l'assurance contre la soif, et la garantie — par absence de sécheresse — d'une végétation luxuriante. Le jour où l'on aura transformé le Sahara en un parc anglais, tenez pour certain que le chameau et sa charge d'eau potable deviendront parfaitement inutiles. Mais nous n'en sommes pas là. Souhaitons d'abord que la *Société des Amis des Arbres* compte beaucoup d'adhérents. Lorsqu'elle aura accompli sa tâche dans les Alpes-Maritimes, particulièrement éprouvées par les gelées, et dans le reste de la France, où les steppes et les espaces nus et arides sont moins rares qu'on ne croit, nous lui poserons la question du reboisement du Sahara — une entreprise que le XXe siècle verra peut-être et qui, mise en actions, enrichira nos petits-fils encore appauvris par les opérations « panamesques et cuivrées » de leurs aïeux.

Ce sera tout de même pour Nice — *Nizza-la-Bella !* — d'où je date cette causerie, une gloire véritable si elle est la cause originelle de ces gigantesques travaux ! C'est pour le coup qu'elle jouira d'une vogue universelle et que l'univers civilisé et folâtre se ruera sur ses trottoirs et ses chaussées, afin de savourer les joies bruyantes de son carnaval !

. . . .

. . . .

Été, à Villefranche, visiter l'escadre. Lorsque je dis l'escadre : entendons-nous. Le vaisseau amiral, justement nommé *le Formidable,* suffit à ma curiosité. Je n'avais jamais vu de bateau cuirassé ; j'en étais resté au vaisseau à trois ponts — joujou déjà gentil comme dimensions. Il n'est donc pas étonnant que j'aie fourni, aux « mathurins » du bord et aux officiers qui les commandent, le spectacle d'une admiration et d'une contenance un peu bien provinciales.

Qu'importe ! Notre plancher des vaches a ses revanches quand quelque échappé de ces forteresses flottantes assiste à nos surprises de terre ferme, et ma gaucherie et ma naïveté — dont sou-

riait derrière son bonnet le matelot préposé à
mon inspection — ne mirent point à mes joues
ce que l'abbé Delille appelle « l'incarnat de la
honte ». Du reste, je n'étais point abêti jusqu'à
ne plus entendre les drôleries débordantes de
couleur locale racontées par les marins autour
de moi. Un, entre autres (un quartier-maître),
nanti de la permission réglementaire, narrait qu'il
avait été la veille dans un bal masqué de Nice avec
un collègue naïf et bon enfant. Il lui avait perfi-
dement persuadé qu'un costume de scaphandre
est tout à fait original et lui, bien à l'aise sous
un déguisement de pierrot, avait laissé suer le
malheureux, jusqu'au jour, sous cette enveloppe
pesante et hermétiquement close.

Le plus joli de l'aventure, c'est que les domi-
nos intrigués venaient coller leurs yeux aux
fenêtres du casque et que certaines juraient avoir
reconnu, à travers les vitres, les traits d'un riche
rastaquouère — banquier de son état — erreur
dans laquelle les entretenait le rusé cornac du
supplicié. Mais voilà qu'une femme — affriandée
par la prétendue profession du masque — l'avait
entraîné dans le coin le plus retiré d'un buffet,

et là, le matelot lui avait fait signe de lui dévisser les attaches du casque dans lequel mijotait sa cervelle en ébullition... Surprise de la dame lorsque le faux rastaquouère, débarrassé de son couvre-chef, s'écria en décollant ses favoris comprimés :

— Ah ! le N... de D... de chapeau !... Savez-vous, ma chère, ce qui m'a gêné le plus ? Impossible de cracher ma chique !

CHAPITRE VI

Cap Martin.

J'ai maintes fois, dans mes livres de chasse, parlé de la bécasse, en sorte que je croyais avoir tout révélé sur ce timide et succulent volatile... Mais il m'arrive, en ce promontoire boisé, une aventure d'où je tire cette conclusion que l'existence de l'oiseau migrateur est pleine de mystères et que l'écrivain cynégétique trouvera toujours matière à discourir dans l'observation de ses mœurs... J'ai assisté aux épanchements affectueux de deux bécasses de sexe différent, et j'en suis fier, car je crois que peu de naturalistes en pourraient dire autant. Voici comment c'est arrivé.

Je m'étais égaré sous un massif de chênes verts

et j'avais profité d'un rocher émergeant du sol pour me délasser et tirer de ma poche deux objets qui me quittent rarement durant mes promenades solitaires : ma pipe — une pipe anglaise d'une élégance telle qu'on la pourrait arborer dans un bal d'ambassade — et mon Horace — un vieux bouquin qui est ma propriété depuis l'époque où j'usais tellement de culottes sur les bancs du collège qu'il f   sérieusement question, dans ma famille, de coudre des fonds de cuir à mes pantalons.

Tout individu a son poète préféré. Celui-ci en tient pour Hugo, celui-là pour Musset; l'un proclame Lamartine, l'autre acclame Leconte de Lisle... moi, j'aime Horace par-dessus tous parce que c'était un jouisseur — un tantinet vicieux — qui chantait ses goûts épicuriens en une langue à la fois exacte, élégante, rythmée et mélodieuse. Le seul reproche que j'adresse à l'ami de la belle Lydie, c'est qu'il n'avait pas de goût pour la chasse. Il était l'homme des aimables repas durant lesquels on boit et l'on flirte — tout en savourant des soupers exquis dont le garde-manger de Mécène faisait les frais — et ne détestait pas le gibier arrosé d'un cru d'élite. S'il l'avait tué lui-même, je le tiendrais pour le plus enviable des humains... Rien ne me dit d'ailleurs que, vivant de nos jours, le versificateur latin n'eût pas pris son permis comme moi... Mais il versifiait à une époque où la conquête d'un faisan ou d'un perdreau était chose difficile... Essayez, pour voir, d'en tuer avec des flèches ou d'en abattre avec la pierre d'une fronde. Or, ces engins représentaient les *hamerless* de ces âges reculés, et il en résultait que les chasseurs proprement dits se pouvaient compter. En revanche, la profession était supérieurement exercée par nombre d'esclaves qui complaisaient à leur maître en capturant pour sa table, au moyen de pièges, des lièvres et des merles. Ces victimes sauvages permettaient d'économiser le personnel des parcs et des volières. Je ne sais quel Suétone parle de réserves où les Césars élevaient poil et plume en quantité si considérable que l'un d'eux offrit à ses invités cent monstrueux pâtés emplis de cervelles de paon et deux mille langues de marcassins!... Mais que me voilà loin du cap Martin et du roman de mes bécasses!... J'y reviens.

Comme il avait neigé sur les hauteurs et qu'un soleil radieux rendait aux montagnes, encore blanchies par les frimas de la nuit, leur verte parure de caroubiers et d'oliviers, j'appréciais particulièrement ce vers exquis entre les plus exquis :

Diffugere nives redeunt jam gramina campis.

Tout à coup, un bruit léger attire mon attention à ma droite et j'aperçois deux bécasses en train de se livrer aux plus bizarres agissements. L'une d'elles — la femelle — est immobile et pour ainsi dire rivée au sol. Elle tient la tête de telle sorte que son bec s'allonge sur son jabot, à la façon d'un nez démesurément aquilin et son attitude a je ne sais quoi de recueilli et de méditatif qui me frappe. L'autre — le mâle — tourne autour de sa compagne, en s'arrêtant à intervalles réguliers pour s'incliner en de grands saluts cérémonieux. Sans un ramasseur d'olives — domicilié près de là, sous le toit délabré d'une cabane misérable, et vivant des légumes d'un modeste enclos, séparé de la forêt par une palissade de joncs desséchés — j'ignorerais la signification de ces étranges salamalecs. Grâce à ses observations quotidiennes, le paysan put m'affirmer que telle est la façon dont on déclare ses sentiments dans la gent bécassière, et il ajouta judicieusement que ce procédé ne leur est point spécial, puisque les pigeons se comportent de même.

Quelle leçon pour les citoyens de l'actuelle République française ! Si une femme leur plaît : ils le lui avouent brutalement et en termes choquants. Que dis-je ! J'en sais qui ne se découvrent même pas durant qu'ils expriment leur flamme... Le boursier qui faisait sa cour à sa fiancée, son carnet d'une main et la cote de l'autre, aurait besoin de méditer les manières de la bécasse galante du cap Martin... et autant que lui nos jeunes « fin de siècle » qui mettent sur le dos du progrès, de l'électricité et du téléphone la rapidité de leurs amours express !

Loin de moi la pensée qu'il serait bienséant, quand nous voulons faire la conquête d'une « gente dame », de tourner autour de sa jupe pendant des heures entières en nous prosternant à ses pieds toutes les cinq minutes. Cette cérémonie exigerait des locaux spéciaux. De plus, elle serait fatigante au point que le soupirant accepté n'aurait plus la force de recueillir le prix de ses efforts. Mon anecdote est, sous forme d'image, un simple enseignement destiné à démontrer que de nos jours on ne sait plus faire la cour. Si l'on opère dans le demi-monde, l'affaire se bâcle sur l'heure grâce à l'énoncé d'un chiffre. Si c'est dans l'autre qu'a lieu le conflit, le dénouement ne vient pas non plus graduellement, ainsi qu'il serait au moins convenable. La reddition de la place suit les premières sommations, et cela brusquement... Chacun son goût, tel n'est pas le mien... Foin des assauts qui n'exigent pas de longs sièges, et manquent des luttes émouvantes qui ajoutent une saveur spéciale aux joies du triomphe!...

Jamais les bécasses ne vident complètement le territoire du cap Martin; j'entends qu'on en trouve, en toutes saisons, sous ses frondaisons persistantes. Le même phénomène, qui se présente dans les forêts des environs de Paris à l'état exceptionnel, a poussé certains naturalistes à prétendre qu'il y a deux espèces de bécasses, l'une sédentaire et l'autre émigrante. En quoi ils ont tort. Il n'y en a qu'une et les sujets qui s'affranchissent des migrations communes à la race sont des réfractaires qui risquent des rhumatismes et des pleurésies à ne point, ainsi que leurs camarades, remonter vers l'Afrique centrale du 25 février au 15 avril pour descendre dans la direction du Nord, aux approches de la lune de novembre — dite lune des bécasses par les chasseurs chevronnés. On devrait s'abstenir de tuer celles qui passent présentement l'hiver dans nos futaies. Elles sont d'une maigreur navrante. C'est manger son blé en herbe, car les pauvres bêtes, si étiques qu'elles soient, sont appareillées et disposées à perpétuer l'espèce — c'est-à-dire à couver bientôt cinq œufs qui, en novembre et décembre prochain, fourniront de jolis coups à nos fusils.

Parlez-moi, comme comestible hors ligne, des bécasses qui s'abattent dans nos massifs du Nord, en automne, grasses commères dont la chair lardée possède un fumet adorable... Elles débarquent du lac Tchad où elles ont fait leurs couches et réparé leurs forces par un régime alimentaire réconfortant. Sur les berges lointaines des étangs africains, dont la vase est vierge de toute empreinte humaine, elles ont vécu dans le calme et la sécurité qu'exige le développement de l'embonpoint. Je doute que les bécasses demeurées en Europe jouissent d'une vie de famille aussi paisiblement uniforme et d'un couvert aussi copieusement servi.

Les bécasses du cap Martin, elles-mêmes, sont troublées dans leur paix par des braconniers indigènes. En tout cas, le couple aux ébats duquel j'ai assisté n'a point le droit de me reprocher de l'avoir molesté une seconde. J'ai gardé une immobilité de statue, et si mon « Horace », en tombant de mes genoux sur le sol, n'avait rendu un bruit sourd, je serais resté plus longtemps peut-être absorbé dans ma zoologique contemplation.

Il fallut cet incident pour déterminer l'envolée des échassiers dont la vue est déplorable. Cette infirmité provient de la disposition particulière de leurs yeux situés à la partie postérieure de la tête. Il leur faut avoir le bec collé au poitrail pour apercevoir ce qui se passe autour d'eux, sinon leurs pupilles demeurent tournées vers le ciel...

La *croûle* est le vocable employé pour indiquer l'heure crépusculaire où les bécasses de passage dans les bois quittent toutes le sol et s'assemblent dans les airs aux larges carrefours forestiers. Elles se livrent, là, à des vols circulaires désordonnés. On dirait une récréation d'écoliers impatients auxquels on a inopinément accordé la permission de jouer ensemble. Les chasseurs initiés à ces détails se rendent à la *croûle* et se postent de telle sorte que l'oiseau se détache nettement en noir sur le ciel faiblement éclairé par les suprêmes lueurs du soleil couchant. Selon qu'il est plus ou moins adroit, le chasseur abat plus ou moins d'animaux; mais ce qu'il y a d'étonnant, c'est que les détonations de son fusil n'empêchent point les randonnées aériennes des bêtes au long bec... On peut les tirer pendant une demi-heure environ.

Je n'ai pas trouvé la place où a lieu la *croûle* au cap Martin. J'y renonçai vite car la tombée du jour était survenue, me plongeant dans une mélancolie qui avait changé les idées du client d'Horace et détourné l'attention du desservant de saint Hubert.

Sur ce cap Martin où la nuit jetait son voile, des douleurs royales et des angoisses augustes se sont réfugiées pour demander l'apaisement à la solitude et l'oubli aux grands spectacles naturels ! On m'a dit que le prince de Galles et l'impératrice Eugénie occupent des villas à la pointe du promontoire qui, de loin, détache si pittoresquement sa sombre chevelure sur l'azur de la Méditerranée. A certains moments, le flot qui écume et mugit à sa base achève l'illusion... On dirait la tête d'un gigantesque monstre amphibie, qui, pourchassé par des géants, plongerait précipitamment dans les profondeurs d'un océan !

CHAPITRE VII

Hyères.

J'ai l'honneur de vous présenter un vieux pêcheur des environs, que je ne manque pas d'aller relancer dans sa pittoresque cabane chaque fois que je passe par Hyères. Il se nomme Guimberti et a, pour ami et compagnon fidèle, Bosio Medici. Tous deux s'entendent — surtout le matin. Le premier éveillé va chercher l'autre et, avant de gréer la barque et de la munir des engins indispensables, ils ne manquent pas de vider un fiasco de ce joli vin blanc indigène qui rit à l'œil et sourit au palais. Et Bosio, initié aux finesses de l'à-peu-près, dit volontiers lorsqu'il commence un récit : « Hier matin, Guimberti est venu me prendre *au saut du litre...* » Et alors il entame une série d'aventures où l'exagération locale entre pour un bon tiers. Si Bosio parle de la capture d'un congre de trois mètres, tenez pour certain qu'il n'en mesurait qu'un !...

Je n'ai pas eu l'avantage de naviguer avec ce Gascon méditerranéen... Il était au large sur le yacht d'un Anglais en qualité de pilote, mais j'ai été pêcher, une nuit entière, avec le brave Guimberti, dont j'ai maintes fois apprécié les talents culinaires, lorsqu'au retour de nos expéditions nocturnes il me préparait une bouillabaisse avec des poissons vivants. Il avait, cette fois, allumé une torche à l'avant de son bateau et, armé d'un trident, il se tenait prêt à ferrer la grosse pièce qui hante le cerveau de tous les membres de sa confrérie. Comme « ça n'allait pas », il avait fini par déposer, à côté de lui, l'énorme fourchette qui lui donne des airs de Neptune, dieu des mers, et il bavardait à la façon d'une vieille pie, dans le silence ambiant. Il ne me contait pas des choses bien neuves. De même que tous les pêcheurs de profession, il accusait le gouvernement, les éléments et les règlements. Il trouvait surtout abusifs les droits qu'il lui fallait payer pour exercer son métier. Mais que ces doléances banales gagnaient à passer par sa bouche ! Combien intéressantes ses digressions formulées en un style bref et imagé ! Et comme il sauvait l'aridité des plaintes du contribuable par les pointes de bonne humeur qui entrecoupaient son discours ! Je rêvais, en l'écoutant, de planter ce bonhomme sur un théâtre, devant le trou du souffleur, un jour de représentation extraordinaire, et de lui enjoindre de répéter ses jérémiades sur le même ton, dans les mêmes termes et avec le même costume. Ah ! mes enfants ! (ainsi que chante Félicia Mallet), quel succès ! Et quels cris de surprise quand le public, réclamant le nom de l'auteur, apprendrait de sa bouche que le narrateur a improvisé son monologue ! Ma mémoire est trop fautive pour que je me risque à le transcrire : quand même elle me servirait fidèlement, arriverais-je à rendre les effets du geste, le comique des intonations et surtout l'éloquente signification des silences ?

Guimberti avait eu, l'avant-veille, la piquante mission de conduire en promenade maritime, dans le tantôt, un couple d'amoureux, — non pas du genre Daphnis et Chloé, — des amoureux modernes, fraîchement débarqués de l'allée des Acacias.

— Je me demande, me disait-il, comment ces gaillards-là peuvent s'aimer avec des habits si serrés et des chaussures si justes ! Le monsieur souffrait d'un cor assurément, car il tenait tout le temps son pied avec ses mains, et la dame étouffait dans sa robe de soie à ramages. Elle a commencé par laisser tomber ses lunettes à la mer — des lunettes, attachées en haut d'un grand manche d'écaille, qu'elle collait avec son bras contre ses yeux. Je voulais stopper pour les ravoir, mais elle a crié que c'était pas la peine et *qu'elle y voyait mieux sans*. Son bon ami n'était pas content : il les avait, paraît-il, achetées la veille quatre-vingts francs à Nice. Alors elle l'a traité d'avare. Ensuite, elle l'a blagué en répétant qu'il prenait ses vêtements chez « une belle jardinière » !... Faut croire que cela l'a vexé, ce garçon ! car il lui a montré au fond du bateau un oursin que j'avais arraché du roc en sortant du port et il lui a dit : « Ton caractère est tout pareil — couvert d'épines : on ne sait comment te prendre ! »

J'ai senti que les choses allaient se gâter. Elle lui a tourné le dos; pour lors il est allé contre elle, et il a voulu l'embrasser. Mais elle l'a menacé de se jeter à la mer s'il la touchait. Il s'est échoué à ses genoux... Comme je sais nager, je lui ai dit de la laisser faire, que je la repêcherais. « C'est pas que j'aie peur qu'elle se noie, m'a-t-il répondu. C'est à cause de sa toilette, elle me forcerait à lui en payer une autre. » C'était rigolo ! Allez !... Tout d'un coup, il s'est levé et il a regardé la côte en murmurant : « J'en ai assez de cette grue-là ! Je me déguiserais bien en cerf. » Pourquoi en cerf ? Quand il y a tant d'autres déguisements plus drôles ! Du reste, la dame, qui l'avait entendu, s'est vivement retournée pour lui crier que son costume ne lui reviendrait pas cher parce qu'il avait déjà la coiffure... Je ne sais pas comment il l'a appelée, mais ce que je peux jurer, c'est qu'elle a sauté sur lui et lui a envoyé une claque, monsieur, mais une claque à faire chavirer l'embarcation ! Moi, je ramais toujours sans avoir l'air de rien.

Cependant, quand je l'ai vu qui ne ripostait pas et qui ramassait son chapeau tombé par la taloche, je me suis pensé qu'il avait ce qu'il mérite. Si jamais Mme Guimberti m'avait touché du bout de son petit doigt, bon Dieu ! je l'aurais pilée comme une brandade !

Ainsi parlait Guimberti... Et les lames courtes, poussées du large par une brise tiède et molle, accompagnaient ses paroles de leur clapotis grêle et musical. . . . .
. . . .

CHAPITRE VIII

Hyères.

Encore Hyères.
Êtes-vous comme moi ?
Il y a des endroits où je ne suis jamais allé et pourtant je les retrouve dans certains sites — absolument comme si j'y avais séjourné longtemps. Dans ces endroits-là, j'éprouve la sensation d'un pays natal réapparaissant tout à coup... La métempsycose explique ce phénomène par son dogme fondamental de la transmigration des âmes; elle vous dit sérieusement que vous avez été, plusieurs fois et tour à tour, homme ou bête, il y a des siècles, et dans des pays différents ! Pythagore, l'inventeur de cette théorie qui s'accorde avec la croyance dans l'immortalité du

moi, possède encore, à l'heure où j'écris ces lignes, des disciples convaincus.

Si vous exprimez un goût, un penchant, une sympathie spéciale pour un objet, paf! Ils vous énumèrent sans rire la succession des états par où vous avez passé. Aimez-vous les épinards? vous avez brouté l'herbe en qualité de mouton. Craignez-vous la chaleur? vous avez été Esquimau. Et leur conviction est telle qu'ils se souviennent eux-mêmes de ce qu'ils ont été. Je pourrais citer le nom d'une dame sans coquetterie qui affirme avoir été vache sous Louis XIV. Un médecin de mon cercle jure qu'il a assisté à la bataille d'Azincourt — comme chirurgien. Un pion du collège où j'ai commencé mes études prétendait être né tout d'abord d'un ilote pour lequel Aspasie avait eu un caprice, et pour justifier sans doute cette paternité bizarre il buvait plus que de raison.

Quoi qu'il en soit, chaque fois que j'aperçois la vallée d'Hyères des fenêtres de l'hôtel qui lui fait face, je m'écrie : « c'est tout à fait la Martinique! »

Or, je n'ai jamais été à la Martinique. Je suis

natif de la Lorraine dont les paysages n'ont rien de colonial !

Un pythagoricien ne manquerait pas de justifier mon exclamation en déclarant que j'ai été esclave, planteur ou singe, auparavant que je sois devenu l'écrivain qui vous présente ses respects. Esclave ? ça m'étonnerait, étant donnés mes goûts indépendants. Planteur ? ça dépend de quoi ! j'adore les bonbons ; je plantais des cannes à sucre, alors ? Mais singe, je le nie formellement. La laideur de mon visage n'a rien de simiesque. J'ai horreur des noisettes, je ne digère pas la carotte et quand, réfugié sous le toit d'une hôtellerie de ces régions, je me gratte les côtes, je ne fais pas le geste fébrile et arrondi des chimpanzés.

En ce qui concerne mon impression sur la vallée d'Hyères, il faut qu'elle soit exacte, puisqu'un officier de marine retraité, qui, lui, a séjourné dans les Antilles, l'a confirmée maintes fois.

— C'est, m'a-t-il dit, la même tiédeur humide et ouatée, et quand vient le soir c'est le même crépuscule plein de mystère et de recueillement.

Et il a ajouté en tendant le bras vers un coin de la vallée.

— Tenez ! j'habitais une case à gauche, entre ces trois palmiers que vous apercevez au bas de la colline.

CHAPITRE IX

Cap d'Antibes.

Toujours admirable, ce cap ! Il est tel que je l'ai parcouru jadis, il y a trente-six ans, alors que j'étais secrétaire de la fameuse Commission de la *Villa Soleil* — une idée de feu Villemessant — un rêve qui a eu le sort de nombreuses conceptions vraiment philanthropiques !

Construire au soleil provençal, dans une anse abritée du vent, un asile pour les vieux plumitifs malades et malheureux, peut-on caresser un dessein plus réalisable, plus louable et plus simple ? La chose a raté, on ne sait pourquoi. Faut-il le déplorer ? A mon sens, l'avortement de l'Institution n'est qu'à moitié regrettable, car le groupement de nombreux nourrissons des Muses présente des écueils. Les jalousies professionnelles entraînent, à leur suite, cent motifs de dissidences — surtout en ce temps d'Écoles si diverses! Le naturaliste chercherait noise au déliquescent qui attaquerait les classiques, qui, eux-mêmes, injurieraient les impressionnistes. Donc, en un établissement de ce genre, un bout de pré serait absolument nécessaire pour les duels que les auteurs et les journalistes de nuances variées ne manqueraient pas de contracter au réfectoire — à l'heure où les opinions sortent des bouches avec les hoquets des digestions laborieuses. Il importerait — au cas échéant — qu'un règlement rigoureux interdît aux pensionnaires de parler *boutique*, sinon, ce toit hospitalier changeant de destination deviendrait un conservatoire de gifles et de coups d'épée.

. . . .

Hier, la Méditerranée était d'un bleu tellement bleu qu'il en était offensant et brutal. Il ventait de Corse. Les vagues, chevauchant vers la plage avec leur crête d'écume blanche, ressemblaient à l'assaut de mille tas d'indigo ourlés de neige! Et sur cet « encrier » tumultueux, une petite barque filait avec un air penché, portant sa voile latine en aigrette — gracieuse au possible — posant presque pour la galerie! Et pourtant elle ne se pouvait douter qu'on la regardait. J'étais sur la plage, adossé à une cahute, en compagnie d'un bonhomme de soixante-quinze ans. Le pauvre hère raccommodait, en fredonnant, des filets de pêcheurs. Ses yeux étaient ornés d'une paire de lunettes rondes, dont les verres avaient l'épaisseur et la convexité de la lentille d'un phare.

Il me proposa une promenade en canot — m'affirmant que ses vieux bras savaient encore manier l'aviron. Mon refus lui parut dicté par la peur de « danser » et, dans son obstination de tirer de ma bourse une pièce de monnaie, il tâchait de mettre mes appréhensions en fuite!

— La mer n'est pas mauvaise, répétait-il; elle s'amuse, elle joue avec la brise. C'est une mer gentille qui berce son monde comme une nourrice son *pitiou !*

Voyant que j'étais résolu à demeurer sur la

rive, — pas pour les mêmes motifs que Louis, le quatorzième roi du nom, il me proposa des primeurs. Sa femme avait, là-bas, dans un angle, entre deux roches, des artichauts tendres « comme des filles de quinze ans » et des pois aussi, et de la salade « toute mignonne ». Elle m'en ferait un panier pour un franc — sans compter un bouquet de violettes pour ma dame.

Pauvre diable ! Je lui donnai sa pièce blanche sans rien vouloir en échange. Derrière ses lunettes, je vis sa pupille trouble qui luisait de plaisir et il eut un tremblement d'émotion. Combien il tient de bonheur dans une pièce de vingt sous — tout de même !

CHAPITRE X

Monaco.

Les splendeurs inouïes de Monte-Carlo ont, à mon sens, le tort unique d'avoir jeté dans l'oubli le rocher gigantesque sur lequel repose le vieux Monaco. J'ai erré dans les jardins qui surmontent la pointe sud du colossal promontoire, et je ne pouvais me lasser d'admirer les panoramas merveilleux qui sollicitaient mes regards à droite et à gauche. Monaco est sans contredit le point le plus pittoresque de cette côte bénie... Mais pourquoi les bancs sont-ils absents de cet Éden[1] ? Une

---

[1]. Depuis le jour où j'ai couché cette observation sur mon *note's book*, des bancs ont été établis en une telle profusion que, pour un peu, je trouverais que, maintenant, il y en a trop!

promenade qui n'a pas de bancs ! Cela ne se voit pas tous les jours, mais si rare que soit ce spectacle, il ne vaut vraiment pas la peine qu'on passe une nuit et un jour en chemin de fer, pour le contempler. Mes jambes légèrement fourbues par l'ascension du rocher se fussent accommodées d'un escabeau, d'autant plus volontiers qu'un drame — où il est question de bancs aussi — se passait, en face, sur la mer, à une lieue pour le moins. Une longue ligne blanche, d'une épaisseur assez sensible, flottait à la surface des flots comme une mousseline immaculée emportée par le vent. Tantôt elle avançait très vite, tantôt elle ralentissait son mouvement. Parfois elle revenait sur le trajet parcouru et obliquait brusquement. En pareil cas, la jumelle est indiquée. Celle que je porte en sautoir est d'une qualité supérieure. Elle ne vaut pas la lorgnette du critique qui écrivait à propos d'un ténor : « Quand cet artiste chante, il ouvre tellement la bouche et ma lorgnette est si bonne, que je vois son dîner ! »

Sans posséder d'aussi indiscrètes propriétés, mon télescope me montre des détails infimes à des distances considérables. C'est pourquoi je constatai que la « traînée blanche » était formée par des myriades de goélands de la grande espèce.

Je me souvins alors que ces oiseaux ont pour coutume de se réunir quand les bancs de sardines accomplissent leur migration qui s'effectue à fleur d'eau : vous saisissez, sans doute, le pourquoi de cette promenade en troupe compacte. Les goélands mangent les sardines. Ils les cueillent à la surface des vagues à la façon des poules qui piquent du grain. Et comme leur digestion s'opère avec une rapidité extraordinaire, on estime que, durant ces expéditions, un goéland mange plus d'une centaine de sardines par jour!

Supposez — et vous serez dans le vrai — que ces amateurs de friture vivante atteignent seulement le nombre de deux mille, et s'attachent pendant une dizaine de jours à la poursuite de ce régal, voilà — en vingt-quatre heures — deux millions de sardines qui échappent à l'huile de conserve! Des bancs ainsi diminués deviennent de maigres strapontins dont le personnel ne suffit point à garnir les boîtes de fer-blanc, préparées, à Marseille, Nantes et ailleurs, pour le recevoir!

Il serait désirable que l'on remédiât à ce dépeuplement en faisant une chasse sans merci aux goélands, sinon nous voilà privés, dans un avenir prochain, du meilleur de nos hors-d'œuvre.

Déjà aujourd'hui, des manufacturiers sans conscience nous livrent d'immondes ablettes pour des poissons fins. Et la marinade couvre cette supercherie des illusions qu'elle procure à nos palais. Mais des malaises succèdent à cette consommation et l'on ne songe point à les lui attribuer. La fausse sardine est une espèce de vermine à nageoires qui vit dans les bassins des ports et se complaît dans leur vase nauséabonde. Là, elle se repaît de tous les détritus et même d'immondes déjections jetées par-dessus bord. Tel est le funeste aliment présentement livré au commerce par certains industriels, qui les baptisent carrément sardines des empereurs, alors qu'elles devraient s'appeler sardines des imbéciles...

CHAPITRE XI

La Turbie.

Je fis — durant l'été de 1892 — un séjour, non moins agréable que prolongé, au fond du lac d'Annecy... Le peintre Besnard, que j'ai le plaisir de compter au nombre de mes amis, m'avait, l'hiver précédent, fait monter l'eau à la bouche en me contant les pêches merveilleuses obtenues par les riverains, dans ces parages. Si bien que, vers les commencements d'août, je n'avais pas hésité à réunir mes lignes en faisceau et à prendre, gare de Lyon, l'express à destination de Talloire où l'éminent artiste possède un chalet des plus hospitaliers.

Selon ma coutume, je rendis compte dans le *Figaro* de mes expéditions lacustres. Or il advint qu'une fois, je consacrai la fin d'une de mes causeries à un animal avec lequel on n'a pas des rapports aussi pratiques et aussi commodes qu'avec les poissons... Il s'agissait d'un ours — non pas d'un ours échappé d'une ménagerie ou d'un vieux plantigrade, galeux et pelé, promené à l'extrémité d'une corde par un bohémien dépenaillé — mais d'un véritable fauve sauvage, domicilié au sommet des montagnes grandioses qui — en ce site alpestre — semblent barrer la route au voyageur et lui annoncer qu'il touche au bout du monde ! A ce sujet, je reçus — sans mentir — une dizaine de lettres où mon ours était, par les plus indulgents, traité de canard.

Notez que j'avais vu de mes yeux l'empreinte de ses pattes dans la glaise d'un sentier presque impraticable — qu'un garde-chasse officiel m'accompagnait dont l'expérience et l'assertion ne pouvaient être mises en doute — et qu'enfin j'avais appuyé mon récit de faits relativement récents et parfaitement réels — comme la fusillade d'un *Martin* colossal, surpris en pleines vignes de Doussard[1] dans un état d'ébriété qui avait alourdi sa fuite.

1. Village situé à 6 kilomètres de Talloire.

En dépit de ces garanties, mes correspondants ne m'avaient point épargné leurs railleries et je me rappelle que l'un d'eux me demandait si je ne m'étais pas moi-même enivré de raisin à la façon des grives et si, dans l'égarement de mes facultés, je n'avais pas pris la trace d'un chien pour celle d'un ours !

C'est au signataire de cet article que j'adresse le récit suivant. Je l'ai copié textuellement dans un journal de la localité qui m'arrive à l'instant :

« La forêt de Doussard, située à peu de distance d'Annecy, vient d'être le théâtre d'une chasse à l'ours des plus émouvantes.

« Déjà, il y a quelques jours, on avait remarqué les traces de ces animaux dans la forêt; ils avaient même été aperçus par des bûcherons qui, à leur vue, s'étaient enfuis à toutes jambes; aussi l'effroi était grand dans la forêt.

« Or, M. de Boigne, intrépide chasseur, qui a à son actif plusieurs fauves tués dans les Indes, résolut de débarrasser le pays de ces hôtes dangereux; avant-hier il se mettait à leur recherche, accompagné du brigadier forestier Vison et du garde Falcq.

« Ils avaient déjà battu la forêt pendant plusieurs heures sans aucun résultat, et ils songeaient au retour, lorsque, en passant devant une grotte, l'un des trois chasseurs, le garde Falcq, y pénétra; il y était à peine entré qu'un formidable grognement retentit et qu'on vit ressortir à toute vitesse le garde poursuivi par un énorme ours brun qui s'arrêta un instant au bord de sa tanière, comme pour réfléchir; ce fut sa perte; au même instant trois coups de feu éclatèrent, c'étaient M. de Boigne et le brigadier Vison qui, postés à peu de distance et sans perdre leur sang-froid, avaient tiré dessus; l'animal, mortellement blessé fit entendre un formidable grognement, se dressa sur ses pattes de derrière et rentra immédiatement dans son antre.

« Quand les plaintes de l'ours, qui d'abord résonnaient terribles, se furent peu à peu éteintes, les chasseurs, après une longue attente, pénétrèrent dans sa retraite; là, à quelques pas de l'orifice, ils trouvèrent son cadavre étendu sur le côté dans une mare de sang; il avait eu la tête traversée par les trois balles, dont deux provenaient du fusil Lebel du brigadier forestier.

« Cet ours, qui pèse 153 kilos, poids énorme, a été amené à Annecy et vendu deux cent vingt francs à un boucher de la ville. Mais on croit que l'animal n'était pas seul ; aussi une battue va-t-elle être organisée. »

Je pourrais, après cette citation, me venger des doutes exprimés sur mes récits en blaguant à mon tour la sceptique personne qui ne croit qu'aux « descentes de lit » de provenance moscovite — mais je triompherai modestement. Et je me contenterai d'affirmer une fois de plus à ceux qui daignent me lire l'absolue vérité des faits que j'avance. Si je me complais — ici, à la Turbie, distante de quelques centaines de lieues du séjour des ours — en cette longue justification, c'est que voici pour mes contradicteurs une occasion nouvelle d'exercer leur malice à mes dépens...

La rade, théâtre actuel de mes opérations, étend sa nappe azurée en face du pic escarpé dont l'unique trattoria est mon quartier général. Cette rade admirable est d'un commerce facile et sans dangers à la condition qu'on soit accompagné d'un marin au courant des rochers qui affleurent à la surface de l'eau, sinon l'on risque de « toucher », même à un mille de la côte... Et, pour peu qu'il vente dans un certain angle par rapport à la direction que suit la barque, on peut parfaitement sombrer — aventure fâcheuse quand on n'est pas nageur de premier ordre. Mais si cette disposition des roches sous-marines présente une menace, elle offre, par contre, des avantages inappréciables. Si l'on sait guider son embarcation au travers de ces récifs et la fixer, à l'aide de l'ancre, en un point fréquenté par la faune méditerranéenne, on assiste à des spectacles intéressants. Les bêtes sont plus confiantes au large qu'à proximité du rivage : cette quiétude provient de ce qu'elles y sont moins dérangées dans leurs repas et dans leurs amours. Autre détail intéressant : la dimension des poissons et des mollusques qu'on y capture est plus considérable, au moins du double. C'est ainsi qu'il faut environ deux heures de « nage » pour atteindre les endroits où se tiennent les grands poulpes — que l'indigène appelle *poupre* avec une imperturbable assurance.

Je suis trop mince clerc en zoologie pour lui faire un crime d'altérer ou dénaturer les vocables de l'histoire naturelle, et je serais fort empêché moi-même si mon pêcheur Lazare me demandait la différence qui existe entre le poulpe et la pieuvre... Aussi, ne m'attarderai-je pas à d'oiseuses controverses... Qu'on dise poupre, poulpe ou pieuvre, il n'en est pas moins vrai que ceux de la rive pèsent généralement un quart de livre alors que ceux du large dépassent souvent quinze et vingt kilos...

Penché sur le bordage de la barque, j'explorais de mes prunelles attentives — par cinq et six mètres de profondeur — les anfractuosités où les hideuses bêtes se tiennent tapies, et ma joie ne connaissait pas de bornes quand j'avais, le premier, découvert la proie — objet de notre expédition...

A peine l'avais-je signalée, que Lazare jetait les gouttes d'huile classiques pour obtenir du flot un calme plat, et s'emparait d'un croc puissant. Pendant que je consolidais l'ancre, il élaguait les algues qui protégeaient et dissimulaient les abords du refuge adopté par la pieuvre et il s'efforçait ensuite d'accrocher l'animal par la tête...

Mais celui-ci ne se laissait pas harponner. Tantôt il se rétractait au point que le fer du croc ne pouvait pénétrer au fond de sa retraite — tantôt, préférant une déchirure à la captivité, il se laissait lacérer plutôt que de lâcher prise. D'autre fois, il changeait brusquement de place en jetant ses tentacules d'un seul coup un mètre plus loin... Le cas ennuyeux et irritant c'est quand il s'enfonçait dans un grand trou d'où il défiait tous les assauts. Lazare arrivait parfois à lui faire quitter son asile avec des pelotes de tabac — dont il privait sa bouche de *pourri de chique* — ou en descendant des cristaux de potasse dans ses environs... Mais ces vexations ne réussissaient pas toujours.

Parlez-moi des conditions faciles — des cas où la pieuvre s'offre au harpon sans difficultés. L'amener à soi devient alors une récréation des plus folâtres. La laideur de la prise fait qu'on lui est peu tendre : on ne se sent pour elle aucune pitié, et pourtant c'est une bête comme une autre et qui a même plus que les autres l'instinct de la famille ! Il ne m'a pas été donné d'assister à des scènes d'un « intérieur » de poulpes... Je n'ai pas été témoin de leurs amours — alors que le cœur poulpitant (oh !) Roméo jure à Juliette qu'il braverait pour elle la pieuvreté (oh ! oh !) et les privations de toutes sortes. Je n'ai pas aperçu de « mère » joignant ses ventouses dans un geste de supplication pour obtenir la grâce d'un enfant captif... Par contre, j'ai constaté chez le visqueux animal un instinct de conservation très développé. Quand on cherche à s'en emparer, il trouble l'eau dans un rayon d'un mètre en projetant un liquide noirâtre. Enfermé dans un seau, il inonde la main de l'imprudent qui veut le saisir d'une aspersion acide qui procure à la peau une cuisson fort douloureuse. C'est quand le pêcheur s'apprête à le tuer que le *struggle for life* prend chez le poulpe des proportions épiques ! Il s'allonge, se recroqueville et fuit — si on le lâche — au travers du bateau avec une vitesse de chat poursuivi par un chien !

Point n'est commode de faire passer un poulpe de vie à trépas... Il faut de l'adresse et surtout de l'habitude. Car il n'est point d'arme tranchante ou contondante qui ait raison de son incroyable vitalité. Nul n'ignore que, coupé en morceaux, le polype subsiste dans ses fractions, en sorte qu'on l'a multiplié au lieu de le supprimer. Il en va de même pour la pieuvre. Aussi, les marins de ces contrées — dès qu'ils s'en sont saisis — la retournent, sans perdre une seconde, à la façon d'un gant, et la bête périt étouffée. Un moyen plus sûr consiste à lui mordre la tête au point où se trouve le bulbe vital... J'avoue que mon cœur s'est soulevé de dégoût la première fois que j'ai assisté à ce genre d'exécution. L'idée de porter la dent dans cette masse gluante m'a longtemps révolté. Aujourd'hui, je n'en suis pas encore à opérer moi-même, mais j'assiste, sans que mon estomac proteste, à cette mastication dégoûtante.

Lorsqu'il s'est agi de manger du poulpe (qui se vend relativement cher sur les marchés de la côte), j'ai — comme on dit vulgairement — renâclé avec enthousiasme. Un jour, pourtant, je me suis laissé convaincre par un concert d'éloges émanant de plusieurs convives en l'honneur d'un jeune poulpe découpé et cuit en menus morceaux avec du riz à l'italienne... La vérité m'oblige à déclarer que ce mets m'a paru digne, à tous égards, d'être signalé aux gourmets... et j'ai dû joindre mes compliments à ceux des pensionnaires de la table d'hôte.

J'insiste sur la jeunesse du sujet affecté à cette cuisine spéciale... Il va sans dire que le Poulpe-Géant, qui — au dire de navigateurs portugais — peut saisir et couler une frégate avec un seul de ses puissants tentacules, serait un peu coriace pour ce genre de ratatouille. L'aubergiste de la Turbie retient tous ceux dont les pêcheurs de Beaulieu s'emparent... car le poulpe au riz lui a valu un renom tel qu'on en vient manger sous sa tonnelle comme on court, aux halles, manger des tripes chez Pharamond ou des matelottes à Chatou chez la mère Fournaise !

. . . .
. . . .
.

Le village de la Turbie est, maintenant, pourvu d'hôtelleries nombreuses. Le chemin funiculaire qui aboutit au palais funiculinaire de Noël et Patard (succursale de leur restaurant de Monte-

Carlo) est la cause déterminante de ce flot d'osterias. Le sommet de la montagne devenu accessible, a été envahi par les touristes de toutes espèces. Le joueur heureux y vient profiter de sa veine dans la proportion de son gain. Celui qui a fait sauter la banque déguste les vins les plus antiques et les coulis les plus truffés chez Noël et Patard ; celui dont un modeste numéro à cheval a garni le gousset, s'offre — dans l'auberge où j'écris ces lignes — une salade de tomates arrosée de *vino bianco*... C'est un pèlerinage indispensable, classique presque.

Comme conséquence plus sérieuse de cette voie ascendante, il me faut noter la plus-value des terrains situés sur ce coteau accidenté et pittoresque. Avant la création du funiculaire, ils étaient peu chers et peu demandés ; à cette heure, les héritiers consolables d'oncles milliardaires peuvent, seuls, s'offrir un modeste carré de ce sol, jadis volcanique et actuellement défriché. Si vous vous placez à l'entrée du Casino — le dos tourné au portique du temple de la Fortune, vous apercevez dans le prolongement du boulingrin auquel vous faites face et sur la partie basse du mont, une forêt d'oliviers vigoureux... Ici s'offre — et je m'empresse de la saisir — l'occasion d'exprimer mon sentiment sur ce végétal... Il est loin de me déplaire. Cette déclaration me range, du coup, dans le nombre des gens d'instincts poétiques. Si un individu vous dit que l'olivier lui est antipathique, que son feuillage grisâtre l'attriste et que les nodosités de son tronc ou les convulsions de ses branches l'agacent, tenez pour certain que vous avez affaire à un citoyen prosaïque et matériel. Selon moi, jamais arbre ne convint mieux aux sites que son caractère et sa croissance préfèrent ; s'il n'évoque pas les idées folâtres qu'éveillent les lilas de Robinson, il dirige la pensée vers les méditations à la fois graves et douces. Le baiser donné à une bien-aimée sous les tonnelles profanes n'a point la nature de celui qu'on dépose sur les lèvres d'une bonne amie, au pied d'un olivier. Le premier me semble éphémère, alors que le second me paraît sacré. On embrasse sa maîtresse dans les bosquets de Chatou ; c'est une fiancée qu'on presse contre sa poitrine dans le bois de la Turbie ! Je ne sais si j'ai bien fait ressortir la différence délicate que j'ai tenté d'établir… mais je n'ai point le loisir d'insister sur ce débat subtil et je quitte ce sujet un peu bien éthéré et biblique pour retomber en pleine et positive réalité.

Cette forêt — poètes mes frères — dépêchez-vous de la contempler, car elle est menacée d'une disparition prochaine; avant que s'ouvre l'exposition de 1900, elle aura cédé la place à une ville — ou plutôt elle deviendra le vrai Monte-Carlo qui, aujourd'hui, se résume en un millier d'habitations (hôtels compris)[1]. La chose serait accomplie depuis longtemps, si les travaux entrepris pour donner de l'eau à cette pente, adorable et altérée, étaient finis ! Donc, que ceux-là aussi qui ont rêvé de finir leurs jours à Monte-Carlo — ce paradis, antichambre de l'autre promis aux Bons et aux Justes — que ceux-là se dépêchent d'acheter l'emplacement futur de leur chalet idéal. J'imagine qu'une fois la question aquatique résolue, la charge en billets de banques d'un mulet robuste ne suffira pas à solder l'achat de la parcelle convoitée. Qu'on se le dise !

[1]. Je ne parle ni du Moulin, ni de la Condamine, ni de Monaco — ville — bien entendu.

CHAPITRE XII

Èze.

J'ai eu pour guide et ami, quand j'ai débuté dans la carrière des lettres, Timothée Trimm — un écrivain presque oublié aujourd'hui après avoir porté un nom dont la vogue fut universelle. Doué d'une imagination comparable à celle de Dumas père, ce disparu eût compté parmi les auteurs dont s'enorgueillit une époque littéraire, si deux cases vides de son cerveau ingénieux et fécond n'avaient forcément empêché son talent de s'élever au-dessus de la moyenne.

Timothée Trimm — de son vrai nom Léo Lespès — manquait d'instruction première et ne connaissait pas la valeur de l'argent. Dans un article de forme originale et débordant de sensibilité, il glissait tout à coup un solécisme grossier ou bien appelait le cœur « une vertèbre généreuse ». Son succès n'en était pas moins colossal et il n'en gagnait pas moins des sommes fabuleuses. Finalement les trésors de son esprit comme ceux de sa bourse se tarirent à la façon d'une source surmenée... et il mourut sans raison et sans le sou !

Parmi les nombreuses singularités qui donnaient à la conversation de Timothée Trimm un charme indéniable, dominait l'habitude de juger les gens — d'après leur physionomie. Chez lui, ce don tenait du miracle. Il lui suffisait d'un coup d'œil jeté sur un individu pour qu'il en déclarât le caractère, les défauts, les qualités et jusqu'à son état civil... Je me rappelle qu'un soir, pendant un concert à la salle Pleyel, il me dit :

— Regarde cette grosse bourgeoise assise à côté de son mari — sur le quatrième fauteuil, à ta droite : je parie qu'elle est la maîtresse de l'exécutant qui nous inflige une heure de sonate.

— Pourquoi cette supposition ?

— Tu n'entends donc pas d'ici qu'elle démolit l'artiste dans l'esprit de son époux, le proclame hautement laid et raseur? Tu n'a pas remarqué non plus son attitude pendant que le tapin illustre malmenait les touches d'ivoire? Elle était plus rouge qu'une tomate; son corsage remuait deux mondes dans un flux et reflux orageux, et ses mains, chargées de bijoux de mauvais goût, tremblaient comme celles des criminels. De tels détails trahissent la femme qui a besoin de détourner les soupçons!

Quinze jours plus tard, les journaux publiaient à l'envi — sous la rubrique des scandales mondains — l'enlèvement de Mme T..., femme d'un adjoint au maire, par le célèbre pianiste C...

Les deux coupables n'étaient autres que l'énorme commère et l'infatigable tapin.

Timothée Trimm avait aussi la manie de trouver à toute personne une ressemblance avec un animal quelconque, et il en déduisait que cette personne devait affirmer les instincts de cet animal. Le piquant de cette théorie psycho-zoologique, c'est que les faits corroboraient presque toujours ses assertions. J'en pourrais citer vingt exemples, celui du docteur X... entre autres, dont le masque et l'œil porcins révélaient le jouisseur gourmet, paillard et malin ! Selon Lespès, l'ensemble de mes traits évoquait l'hirondelle... Mon babillage, alors amusant et sonore, l'agitation nerveuse de mes gestes et la rapidité de mes déplacements représentaient le pépiement intarissable, le perpétuel mouvement et les envolées capricieuses ou périodiques de l'oiseau printanier.

Comme on s'ignore soi-même, je ne me reconnaissais qu'imparfaitement dans l'oiseau migrateur. Cependant, il est un point où je ne pouvais contester la justesse du rapprochement : dès que mes ressources pécuniaires me l'ont permis, j'ai, chaque année, quitté Paris vers la fin de décembre, pour gagner quelque point des côtes de Provence — à la recherche d'un ciel bleu et d'une température clémente. C'est pourquoi les petites boutiques des boulevards n'ont jamais eu, en moi, un client bien fidèle et, pourquoi aussi, je déambule, cette fois encore, le long des rives de la Méditerranée à l'heure où les Parisiens traversent, à pieds secs, la Seine congelée par des froids sibériens !

Il va, sans dire, que j'effectue mes « exodes » pourvu des engins indispensables à la pratique de mes sports favoris : mon fusil et mes lignes constituent la moitié de mon bagage, et si je ne craignais d'allonger mon récit je raconterais comment l'autre semaine, la boîte de métal contenant mes cartouches a failli me faire arrêter à Avignon. Ce n'est pas qu'on en use beaucoup sur cette côte enchanteresse, dont la pauvreté en gibier m'étonne au superlatif! La faune devrait y être représentée par toutes les espèces de bipèdes et de quadrupèdes sauvages connues car, en aucune région, le sol ne se montre plus hospitalier — pour les bêtes surtout.

La neige n'y est connue qu'à l'état d'accident; le terrain, mouvementé et hérissé de buissons ou de forêts, offre des asiles sûrs aux fuyards, et dans les fentes des rocs les plus arides poussent, en toutes saisons, des herbes aromatiques dont les tiges et les graines sont un vrai régal pour les gueules friandes et les becs exigeants. Il faut grimper jusqu'au faîte des Alpes ou s'engager dans les massifs de l'Esterel (c'est ce parti que je compte prendre) pour obtenir un butin présentable, à moins d'avoir la philosophie d'un chasseur de la localité. Il escalade tous les jours des falaises vertigineuses et finalement rentre bredouille. Avant-hier, il a tué une grive... Cet exploit a déterminé une telle émotion, qu'on en jase encore dans les cabarets de la côte.

— Je me doute qu'il *fut* l'acheter à Nice...

Ainsi se formule, dans la bouche des camarades du triomphateur, le soupçon qui règne au sujet de cette malheureuse grive! Quelques incrédules ont demandé à la voir et l'un d'eux, convaincu par cette preuve palpable, a frappé sur l'épaule du chasseur en disant :

— Ah! tu as de la *sance*, toi, eh! L'on peut dire que tu n'a pas perdu ta *zournée!*

Le pourquoi de cette pénurie lamentable se raconte tout bas et de même qu'au nord, à l'est et à l'ouest, le braconnage est, ici, la cause d'un dépeuplement préjudiciable à tous égards. On montre du doigt, lorsqu'il a tourné le dos, le gaillard rôdeur et fainéant qui sait les passages des rares lièvres réfugiés dans la montagne et connaît les parages fréquentés par l'unique compagnie de bartavelles du Haut-Plateau.

Mais on se garderait bien de le dénoncer !

Que demain le préfet des Alpes-Maritimes, s'inspirant des procédés adoptés en Suisse, décrète la chasse fermée pendant trois ans dans toute l'étendue de son département, qu'il obtienne — par n'importe quel moyen — une somme suffisante pour ensemencer de couples reproducteurs les espaces déserts qui séparent Toulon de Vintimiglia — qu'il obtienne de la gendarmerie une surveillance incessante et rigoureuse, j'ose affirmer qu'en 1898, ceux qui, munis d'un permis, ouvriront la chasse, rentreront, le soir, au logis, la gibecière enflée à se rompre !

En attendant sous l'olivier (cet arbre remplit en l'occurrence le rôle de l'orme) la réalisation de mon conseil, je me promène mélancoliquement l'arme au bras, les jours où la mer démontée interdit la pêche le long du littoral, et, comme j'ai toujours été favorisé par saint Hubert, je rencontre presque toujours (à la condition de gagner une cime) quelques prétextes à pétarades. Tantôt c'est une bécasse, tantôt un lièvre, tantôt des grives, tantôt des becfigues. Cette diversité de proies est, justement, l'un des principaux inconvénients des expéditions locales. On s'attend, par exemple, à avoir affaire à des oiselets gros comme le bout du doigt, et l'on a chargé son fusil avec de la cendrée : c'est un marcassin ou un lièvre qui détale ! Et si l'on a la sottise de leur envoyer cette menue mitraille, ils semblent à peine émoustillés par son inoffensif chatouillement... Et ils détalent en exécutant des cabrioles non moins joyeuses qu'ironiques. Réciproquement si, prévenu par l'incident, vous glissez du gros plomb dans vos cartouches, vous n'aurez toute la journée que des mauviettes à tirer et il arrivera que l'exiguïté du volatile lui permettra de passer dans l'intervalle des projectiles ou, si vous êtes adroit, la charge le réduira en menus débris impossibles à réunir !

En prévision de ces désagréments j'ai été, à Nice, me commander une cartouchière abdominale garnie d'une vingtaine de cartouches de tous les numéros connus... Cette course m'a valu quelques minutes amusantes.

Un industriel de l'avenue de la Gare — voisin d'un pâtissier — possède un affreux *cabot* qui laisse loin derrière lui les chiens de race — en ce sens qu'il les résume toutes. Jamais la bâtardise n'a été poussée plus loin... C'est un quadrupède de taille moyenne et sans élégance, fourré d'un poil terne et hirsute, à jambes cagneuses et qui serait plutôt antipathique sans des yeux marrons qui désarment la répugnance et sollicitent même la caresse tant leur expression humaine est empreinte de bonté, de confiance et de bonne humeur. Assis sur le trottoir, au seuil du magasin de son maître, le rusé gaillard, qui a conscience de ses séductions, guette les gens, distingue dans leur nombre le promeneur oisif et, courant à sa rencontre, il lui barre la route en faisant le beau avec une gravité imperturbable. Tandis qu'il conserve cette position, il darde sur le passant sa prunelle suppliante où l'on devine un vif désir.

— Que veux-tu? lui dit-on, vaincu par tant de gentillesse.

A cette question, l'intelligent animal tourne le museau dans la direction de l'étalage du pâtissier... Neuf fois sur dix, la personne, *levée* par ce raccrocheur à quatre pattes, pénètre dans la boutique désignée et en revient avec un gâteau qu'elle lui jette. Mais les choses ne vont pas toujours au gré du gourmand. Il faut tomber sur le gâteau qu'il préfère. Fort heureusement le pâtissier est au courant des goûts de son client et s'écrie généralement :

— Je parie que monsieur vient pour le chien d'à côté ?

Cet Azor, malin comme un singe, est connu de tous les habitants de Nice qui ont fini par résister à ses manœuvres perfides. Les étrangers seuls tombent dans le panneau tendu à leurs penchants cynophiles. Comme le chef-lieu des Alpes-Maritimes en attire beaucoup durant l'hiver, Azor est, en été, d'une maigreur significative... Il ressemble à la caisse des théâtres de Paris, réduite par la canicule à l'état de corps creux et minable!

Pour regagner Eze, où j'ai établi mes pénates de pêcheur — en attendant que j'aille me fixer sur les sommets où je me propose de chasser le sanglier et la perdrix rouge — j'ai passé par Villefranche, et mon attention a été sollicitée par un spectacle instructif dont le large était le théâtre : à l'entrée de la rade, au point où commence la haute mer, je distinguais deux bateaux; dans leurs alentours, des milliers de palmipèdes, abattus sur les flots ou voletant à fleur d'eau, poussaient des cris rauques que le vent apportait à mon oreille. J'enviais le sort des gens qui naviguaient à bord de ces embarcations, car, un coup de canardière envoyé dans le tas, pouvait abattre cent victimes ! Je venais d'exprimer ce regret au cocher dont le véhicule me rapatriait, lorsqu'il me répliqua avec l'accent du cru :

— Oh non ! faudrait pas tirer, parce que « ensouite » les oiseaux ils ne viendraient plus, et alors, ce serait mauvais...

— Que voulez-vous dire ?

— Vous voyez le gros bateau *sans rien* qu'est tiré par le petit... qui l'est à vapeur ?

— Oui.

— Le gros bateau est chargé toutes les nuits des ordures fournies par les hôtels de Nice. Le matin, il est amené — par le petit — à l'endroit où vous l'apercevez, et là, il jette à l'eau toutes ses « cochonneries ». Les oiseaux — ils connaissent le moment exact — arrivent on ne sait d'où, et mangent en deux heures jusqu'au dernier débris flottant.

Ce système de vidange, soutenu par les suffrages des hygiénistes, a, contre lui, la corporation des jardiniers. C'est avec des soupirs et en termes d'une énergie méridionale qu'ils accusent l'administration municipale de leur enlever les éléments d'un fumier précieux. Ils ne comprennent pas l'aberration des édiles assez simples pour dédaigner de troquer une immonde gadoue contre des fleurs odorantes !

Les plus aigres prétendent même que le but poursuivi par les instigateurs de cette mesure n'est qu'imparfaitement atteint. « Les oiseaux, disent-ils, ne mangent pas tous ces déchets qu'un courant connu ramène de Villefranche sur Nice. » Et ils attribuent les odeurs nauséabondes du quai du Midi à ce retour — vers leur point d'origine — des détritus pestilentiels !

CHAPITRE XIII

Antibes.

Le temps, qui s'oppose à la réalisation de mes projets de chasse, m'a déterminé à recommencer mes promenades incohérentes... Je veux dire que je reviens volontiers sur mes pas. Durant ces allées et venues, je complète mes connaissances locales et il est bien rare que je ne recueille pas des impressions non ressenties dans des endroits vus et revus dix fois. Il en va, pour les chefs-d'œuvre de la nature, de même que pour ceux de l'art : à chaque contemplation, c'est une admiration nouvelle !

Me revoilà à Antibes avec des intentions cynégétiques.

Ce qui frappe le touriste sur ce littoral ensoleillé, c'est la succession continue de caps et de promontoires dont le périmètre s'accuse par un cordon d'écume, semblable à une frange d'argent. De loin, ces avancées donnent l'impression d'énormes jetées de verdure ; et les phares et les sémaphores qui se dressent à leur extrémité, complètent l'illusion...

J'aime à m'aventurer sur ces pointes généralement désertes, car ici, c'est tout l'un ou tout l'autre : ou bien la spéculation les anime en y bâtissant des hôtels et des villas, ou bien je ne sais quel dédain ou quelle inadvertance les maintient dans un abandon et un oubli absolus. Certaines entreprises ont — pour parler le style des bâtisseurs de villas — « beaucoup de mal à prendre » en dépit des enchantements de leurs sites et de la clémence de leur température.

Tel est le sort du cap d'Antibes, que je retrouve toujours aussi tiède et toujours aussi calme. Et cependant nul endroit de cette côte enchantée ne présente plus de charmes et plus d'attractions !...

On y circule, sans rien rencontrer, pendant

des heures. Si de temps en temps on ne croisait quelque ramasseur d'olives, on se pourrait croire dans le parc de la Belle au Bois Dormant... Les cottages et les pépinières, où la vie paraît suspendue, sont assoupis dans une somnolence mystérieuse...

Cette masse d'hectares incultes, envahis par les chênes verts, les foins et les herbes sauvages, évoquent aussi, dans l'esprit du chasseur, les garennes de Sologne... Il se dit que rien ne serait plus amusant que des myriades de lapins circulant au travers de ces landes...

J'attribue ce recueillement des gens et des choses à la « sidérante » splendeur des « vues ». A droite et à gauche, on embrasse des horizons qui vous clouent au sol dans une muette admiration... Le cap n'est pas joli : il est beau — mais beau d'une beauté troublante et spéciale. C'est la retraite balsamique où l'on rêve de cacher de grands chagrins ou de savourer d'intimes bonheurs. Mon imagination la rêve peuplée de veuves inconsolables ou de jeunes couples énamourés. Rarement la nature a éveillé, en moi, un pareil assemblage de mélancolies et de sourires... Et m'est avis qu'il en sera ainsi tant que le cap manquera d'un de ces hôtels français, confortables et accessibles, dont l'animation appelle l'animation, et que le voyageur souligne sur son itinéraire à la façon d'une escale voulue, tentante et riche en surprises de toutes sortes.

Les caps sont, en descendant sur l'Italie, plus délaissés et plus solitaires encore. La plupart n'offrent même pas au piéton fatigué l'albergo modeste, dont la carte mentionne la bouillabaisse réglementaire et l'inévitable vin d'Asti. Par contre, pour peu qu'il ait le jarret sûr, un bon fusil et l'œil exercé, ce piéton est assuré d'y rencontrer des bécasses... Cette considération n'est pas pour m'effaroucher ! Mon lecteur a, d'ailleurs, pu s'apercevoir dans les chapitres qui précèdent que ce volatile m'inspire un intérêt tout particulier.

La bécasse, base des meilleurs salmis, se complait mieux encore en ce promontoire tempéré qu'au cap Martin ; elle y demeure volontiers six mois, et elle y abonde au point qu'on la paye trente sous — alors que sur les marchés de Paris elle atteint le prix de cinq à six francs. Sa rareté dans nos chasses suburbaines explique sa plus-value, mais elle ne m'explique pas pourquoi des giboyeurs parisiens ne s'entendent pas avec les gars de ce pays pour s'en faire approvisionner par eux pendant tout l'hiver et réaliser ainsi de gros bénéfices.

Il en est de même pour la perdrix rouge, qui fréquente les hautes vallées de la Corniche, aux environs des hameaux alpins, et tombe si dru sous la carabine des paysans, qu'ils vous la cèdent sur lieux, moyennant un franc la pièce. En écrivant « tombe » j'emploie un terme impropre... Ce verbe implique le sens d'une chute, et la pauvre bête, tirée à pied, s'affaisse simplement sur le sol. Le chasseur de la montagne, qui se méfie de son adresse, a recours à un procédé pratique mais révoltant. Comme il sait les parages que les compagnies affectionnent, il entasse sur une place dénudée des amas de mie de pain pétrie avec des vers et du menu grain. Et puis, il se cache derrière un tronc d'olivier. Là, il attend, armé d'un tromblon bourré de petits plombs jusqu'à la gueule, que la troupe des bartavelles soit groupée autour de son appât, pour lâcher son coup... Et il ramasse du coup jusqu'à dix à douze victimes !

La bécasse, qui circule généralement seule, ne se prête point à ces lâches massacres. Elle veut bien succomber, mais noblement abattue dans son vol par un véritable disciple de saint Hubert, qui se tiendrait pour déshonoré s'il devait son souper à un guet-apens.

Un souvenir à propos de ce volatile.

Je me suis lié, dernièrement, au cap d'Aglio, avec un Londonien, ce qui n'a rien de surprenant vu l'exceptionnelle quantité d'Anglais réfugiés dans ces contrées. Un jour, je lui faisais remarquer que, sur dix personnes rencontrées en mon chemin, j'avais noté huit de ses compatriotes.

— Nous n'aimons ni le froid, ni l'humidité, ni le brouillard, me dit-il, mais nous aimons la mer, que nous considérons un peu partout comme notre bien. De plus, nous adorons la montagne, parce qu'elle nécessite du mouvement et des efforts physiques. Eh bien, nulle part on ne trouve réunies, plus agréablement qu'ici, la chaleur, la sécheresse, la mer et la montagne...

Voici comment commença ma liaison avec cet insulaire : il déjeunait dans une « réserve » un matin que j'y pénétrai en culotte et en brodequins, armé d'une forte canne. Le temps était si doux que les consommateurs avaient envahi la terrasse et dévoraient leur pâture, en plein air, sous une tente de coutil. L'une des mouettes — qui pêchaient sous nos yeux le fretin imprudemment monté à la surface des vagues — étant passée à ma portée, je la couche en joue instinctivement avec mon bâton ; or nul n'ignore que ce geste est familier aux fils de Nemrod. Tout individu, qui le fait, se trahit, et si d'aventure cet acte s'accomplit sous l'œil d'un membre de la corporation, ledit membre est fixé ; il se dit : voilà un confrère.

Tel fut mon cas devant l'Anglais en train d'offrir le gîte de son estomac à une demi-douzaine de côtelettes d'agneau. Sa table était proche de la mienne — si bien que, rendu expansif par la bonne chère, et peut-être aussi par une série de petits verres de cognac, il se départit brusquement de sa froideur britannique pour me demander, si, par hasard, je n'étais point chasseur :

— Jusqu'aux moelles, répondis-je.
— Vous dites ?...

Je sentis que l'expression était peut-être un

peu subtile pour un étranger imparfaitement initié aux finesses de notre langue et je repris :

— Très chasseur...

— Beaucoup de bécasses, ici, fit-il en allumant une pipe.

— Ah !...

Mon œil brillait probablement. Il continua :

— Avez-vous un fusil ?

— Certainement.

— Voulez-vous tuer bécasses avec moa ?

— Oui, certes.

— Alors, demain matin, British Hôtel, chambre 24, six heures du matin.

— Entendu.

J'arrivai en retard. Les moustiques m'avaient livré toute la nuit un assaut furieux, et le jour commençait à poindre que j'étais encore agenouillé sur ma couche, armé de mon traversin et de mon oreiller que je manœuvrais dans tous les sens. Le visage boursouflé de morsures et les mains ensanglantées par la lutte de mes ongles avec les démangeaisons, je m'étais assoupi — tellement exténué, que sept heures sonnaient quand une piqûre exceptionnellement lancinante me tira de ma torpeur.

Le gentleman m'attendait dans le jardin de la *trattoria*, assis sous un oranger. En manière de passe-temps, il cueillait à même des oranges qu'il découpait en quatre avec son couteau et qu'il saupoudrait de poivre de Cayenne avant de les ingurgiter. J'étais trop pressé de m'excuser pour lui marquer la surprise que me causait son étrange salade. Il écouta le récit de ma bataille nocturne avec bienveillance et nous partîmes. Je n'avais pas remarqué d'abord qu'il était accompagné de trois chiens, gros comme le manchon d'une cocotte et réunis à une seule chaîne par trois porte-mousquetons.

— Nous sommes pour les présentations en Angleterre, me dit-il chemin faisant. Aussi permettez-moi de vous nommer ces trois messieurs... Le blanc, c'est Mister Flap, le jaune, c'est Mister Flip, et celui qui est blanc et jaune, c'est Mister Flop. Vous allez voir qu'ils sont très utiles !... Je les ai dressés moi-même. Ils font lever les bécasses.

— Cette race de chiens est votre propriété unique?

— Pas la race, mais le dressage.

Nous nous engageâmes, sur ce mot, dans les méandres et les vallonnements du cap. Et je me rappelais, en escaladant les rochers, mes expéditions du Rocher-Besnard, dans la forêt de Fontainebleau... Chasse âpre et dure — véritable casse-cou et casse-reins, où les trous succèdent aux trous et les obstacles aux obstacles ! Ici, mêmes difficultés ; tantôt une branche de caroubier heurte votre canon de fusil, tantôt un ravin inattendu vous contraint à une immense randonnée. Et puis de vastes espaces embroussaillés — du lacis desquels le caprice des brises porte-graines a fait surgir des géraniums géants et des héliotropes arborescents... Et, à chaque détour, ce sont des paysages ravissants et des échappées imprévues — à droite, sur la côte de Provence ; à gauche, sur la rive italienne.

— By Joe ! s'écria mon compagnon, si vous regardez la nature vous ne tuerez rien !

L'admiration des sites l'emporte chez moi sur tout autre sentiment, en sorte que je ne m'étais point aperçu de ses gestes d'énervement ni de ses soupirs d'impatience lorsque j'interrompais ma marche.

— Vous êtes blasé sur les vues, hasardai-je pour ma défense, tandis que moi...

En cet instant, j'aperçus le trio de chiens minuscules en arrêt — mais un arrêt bizarre. Ils étaient assis sur leur derrière en un parfait alignement, les yeux fixés sur le pied d'un chêne vert... Autour du tronc de ces arbres la végétation perd de sa force. La place n'est point unie, mais la terre est visible au travers des feuilles tombées. C'est là que la bécasse stationne et fouille le terreau de son bec. Seulement, comme l'approche de l'homme immobilise celles qui ne s'envolent pas, et comme la couleur de leur robe se confond avec celle du sol, il arrive que le chasseur passe à côté sans les voir et sans qu'elles se lèvent : les prunelles attentives de MM. Flap, Flip et Flop évitent ces déconvenues à leur maître.

Sur le commandement de *away!* proféré à voix basse par lui, ils avancent doucement et le tireur a le temps de bien méditer son coup, de préjuger entre quelles branches l'oiseau prendra son parti et dans quel sens il fera son habituel crochet.

Mon Anglais, rompu à ce sport — qu'il pratique depuis dix ans, tous les hivers, sur les mêmes terrains — n'en manquait pas une. Quant à moi, bon chasseur peut-être, mais tireur assurément médiocre, je me couvris de confusion en brûlant sans résultat une douzaine de cartouches.

Je crus même distinguer une nuance de colère dans le regard de Flap, de mépris dans celui de Flip et de pitié dans celui de Flop.

— Cela ira mieux tantôt, me dit mon compagnon, allons déjeuner.

Il me conduisit dans une auberge du village voisin, où l'on nous servit un mélange de riz et de minuscules oiseaux qui me sembla parfait. Par malheur, je suis fort incommodé par l'ail que les cuisiniers indigènes fourrent partout et dans tout... Ce condiment végétal est charmant quand on le digère, mais dans le cas contraire, il est terrible!...

Voilà pourquoi, je suis obligé, avant chaque repas, de courir aux cuisines des auberges où je m'attable et de supplier messieurs les marmitons de ne pas associer le bulbe fatal à mes aliments... Mais, va te faire lanlaire! c'est comme si je chantais. Ils m'en font avaler tout de même et j'ai le cœur barbouillé pendant des journées entières.

Le tantôt, nous reprîmes les hostilités et j'eus la satisfaction de sauver, de son naufrage du matin, l'habileté française compromise par ma maladresse. Je tuai quatre bécasses. MM. Flip, Flap et Flop, — qui, sans doute, se proposaient de me blaguer, au retour dans leur chenil, après avoir mangé leur soupe, — les trois auxiliaires de mon compagnon, dis-je, durent changer de sujet de conversation... Je m'étais réellement couvert de gloire !

CHAPITRE XIV

Beaulieu.

On croirait à tort que la Méditerranée est un vaste lac d'azur que l'on peut constamment sillonner sans crainte et dont la surface présente invariablement l'image d'un miroir. Entre la « grande Bleue » — sur laquelle les poètes promènent des gondoles emplies jusqu'au bord de barcarolles — et la mer que j'ai aperçue le matin de mon débarquement sur cette côte, il y a des différences qui, c'est le cas de le dire, sautent aux yeux!... Car, m'étant aventuré sur un rocher formant une avancée dans le golfe, j'ai été littéralement aveuglé par l'écrasement d'une lame furibonde contre la base de mon piédestal. Au point de vue de la navigation, il en est de même. Tous les marins d'ici vous diront qu'ils préfèrent les franches fureurs de l'Océan aux caprices et aux perfidies de la Méditerranée. Le fait est que, quand le vent d'est se fâche, les vagues courtes et trapues montrent une violence souvent funeste aux embarcations de plaisance qui — ne prévoyant pas cet aquilon — se sont aventurées au large. Je parle, bien entendu, des cas indécis et des mistrals suspects, et non des journées splendides où le ciel et la brise sont d'accord avec les indications pacifiques du baromètre... Ces jours-là, on irait en Corse à cheval sur une feuille d'aloès, avec — en guise de rame — un couteau à papier!

C'est précisément cette accalmie absolue qu'il m'a fallu attendre trois jours afin de me livrer à la pêche des oursins dans des conditions favorables. Songez qu'en cette occurrence, on opère « à vue » et qu'on est obligé de saisir sa proie sur des rocs immergés à une profondeur de huit et dix mètres! L'onde, littéralement cristalline, qui baigne la rive provençale, se prête admirablement à cet exercice, mais encore faut-il que sa limpidité ne soit pas troublée par les agitations superficielles dont les brises sont la cause la plus fréquente. Lorsque mon pêcheur me vint chercher, avant-hier, tous les éléments de réussite paraissaient réunis. Le soleil, levé depuis deux heures, montait radieux dans l'éther rose, et pas un nuage ne rompait la majestueuse uniformité de l'horizon. De l'ouest, survenaient, de temps à autre, des souffles tièdes qui ridaient à peine la nappe de la rade — luisante et polie comme une plaque d'acier.

Mireille est le nom du bateau que le patron Lazare tient — dans le port de Beaulieu — à la disposition des amateurs d'excursions côtières. Elle a été repeinte à neuf pour cette saison; sa voilure est d'un blanc immaculé et sa flamme porte un *M* qui me fournit l'illusion d'un esquif équipé et gréé à mon chiffre... Il s'agissait de récolter des oursins en quantité suffisante pour rassasier les cinq pêcheurs indigènes invités par moi à déjeuner. Or, l'habitant de cette plage fortunée en ingurgite facilement six douzaines ! Et, s'il s'arrête, c'est par discrétion... et « pour n'avoir point trop d'appétit ! »

Mes lecteurs connaissent ce coquillage — dont

la forme justifie le surnom de Châtaigne-de-Mer que lui attribuent tous les traités de conchyliologie — mais ils ignorent qu'il possède des vertus apéritives et que sa partie comestible, plaquée contre la face intérieure de sa carapace, se réduit à quatre ou cinq languettes de pâte molle et rouge qui, réunies, ne fournissent pas le volume d'un pois!

La première fois que j'ai eu un oursin dans les mains, j'ai prêté à rire au batelier qui m'accompagnait. Je ne savais comment attaquer cette sphère hérissée d'aiguilles enchevêtrées dont les pointes menacent, dans toutes les directions. La façon dont le Provençal, qui s'en saisit, couche ses dards acérés, constitue une science, de même qu'il faut un long apprentissage avant de savoir ouvrir la coquille dans sa longueur, en deux parties égales. C'est en la frappant circulairement de légers coups de couteau que le but est atteint. Mais cette opération, qui semble d'une simplicité enfantine, nécessite les répétitions d'un maître, — comme le piano et le vélocipède!

Aujourd'hui que je me suis familiarisé avec l'ouverture d'un oursin — voire le plus tenace —

je me rattrape des railleries subies lors de mes
débuts, et je m'amuse de l'embarras des néo-
phytes. Ils ont, au premier abord, l'air de chats
qui joueraient avec des morceaux de braise en
feu. Les femmes sont particulièrement désopi-
lantes lorsque leurs doigts piqués lâchent subitement le coquillage auquel elles adressent des
injures comiques... Mais lorsque la main d'autrui
s'est substituée à la leur, lorsqu'elles ont goûté de
la fine pâte pourprée — dont l'arome est si subtil
— et qu'elles ont savouré la sensation de fraîcheur
épandue dans l'œsophage par cette aimable dé-
gustation, oh ! alors, la paix est vite conclue ! Elles
retirent leurs reproches... et elles *en* rede-
mandent !

L'oursin se prend au moyen d'un très long
roseau fendu en trois lames, à sa base. L'écarte-

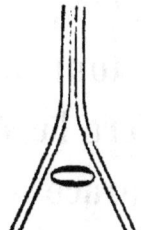

ment de ces trois lames s'obtient en les séparant
avec la tranche horizontale d'un gros bouchon.

Une ficelle enroulée consolide l'appareil qui représente — en somme — un trident léger. Le pêcheur se place à l'avant du bateau et commence — si calme que soit la mer — à secouer, autour de lui, une barbe de plume trempée dans l'huile. Il n'en faut pas plus pour rendre la nappe, dans un rayon de six brasses, aussi calme que l'eau d'une cuvette. Dès lors, la transparence est telle qu'on apercevrait une mouche à vingt mètres de profondeur, de même qu'on distingue les moindres végétations sous-marines et les plus microscopiques coquillages! A plus forte raison, la masse noire et hirsute de l'oursin frappe les prunelles attentives du pêcheur qui explore les cavités et les fentes d'un coup d'œil sûr. S'il voit une proie, il plonge son trident — en tenant compte du phénomène de la réfraction — de telle sorte qu'empoignée par les pinces elle ne peut lui échapper. Un tour de main particulier est nécessaire pour vaincre la résistance de l'oursin qui adhère au roc, grâce à une ventouse peu puissante.

C'est ainsi qu'en moins de deux heures j'ai recueilli près de deux cents oursins... Il en est dans la quantité qui ne sont pas comestibles et qui — avalés par un imprudent, — lui pourraient causer une dangereuse indigestion. Ce sont les plus jolis ! Munis de piquants disposés avec une régularité géométrique, ils ressemblent à des dahlias dont les pétales bruns seraient ourlés d'un feston blanc. Au cours de cette pêche, qui vous oblige à considérer sans relâche le fond de la mer, on assiste à des spectacles intéressants. Tantôt c'est un poulpe dont les tentacules vident, par une inexorable succion, les malheureux coquillages placés à sa portée. Tantôt c'est le passage impudent d'un congre qui circule dans vos environs, — espérant que vous lui jetterez les reliefs de votre déjeuner.

J'ai remarqué que les poissons de la Méditerranée sont moins farouches que ceux de l'Océan. C'est au point qu'il est très facile de s'en emparer séance tenante. Aussi mon pêcheur était-il furieux de ne pas s'être muni de ses lignes... Nous aurions sûrement pincé le « loup » d'au moins trois livres qui nous escorta depuis notre sortie du port et demeura dans nos parages tout le temps que nous consacrâmes à la capture des oursins.

— Ils ne sont pas encore pleins, me dit le patron Lazare qui voulut s'assurer sur place de la qualité de nos prises. Mais à mesure que la saison s'avancera, il seront plus *esquix.*

Et il me démontrait, avec preuves à l'appui, la maigreur présente de l'oursin.

Une fois ouvert — ainsi que je l'ai expliqué plus haut — on doit, avec la lame du couteau qui a servi à l'opération, éliminer les matières noirâtres qui tapissent l'intérieur de la carapace, car leur goût est horriblement nauséabond.

Il est essentiel d'autre part — si l'on ne veut absorber que la partie savoureuse de l'animal — de laver soigneusement dans l'eau de mer la portion du coquillage contre laquelle demeure fixée la fameuse pâte écarlate.

C'est pourquoi — selon la coutume locale — chacun de mes convives avait à sa droite un bol plein d'eau de mer dans lequel il agitait vivement son oursin. Je bénis la Providence qui réduisit le chiffre de mes prises... Je ne sais comment j'aurais pu satisfaire la faim par trop aiguillonnée de mes invités...

Ils dévorèrent littéralement un agneau noir, —

un de ces agneaux fins qui sont la spécialité des pâturages des hauts rochers... Une bouillabaisse — dont huit langoustes et dix rascasses avaient fourni les éléments — avait précédé ce rôti pantagruélique... Lorsque je les vis attaquer un gorgonzola (fromage italien), je supposai que c'était pour la forme, afin de mieux apprécier les caresses du vin d'Asti... Erreur ! Bien qu'il pesât plus de huit kilos, le gorgonzola disparut totalement et provoqua même cette réflexion de mon voisin :

— Autrefois, les fromages italiens étaient deux fois plus gros... Il y avait de quoi y goûter, au moins (*o moinsse*).

Bref, si manger considérablement est — comme le prétend Brillat-Savarin — l'indice d'une conscience pure et tranquille, on peut affirmer que les pêcheurs de Beaulieu sont des modèles de toutes les vertus... Puisse leur fréquentation me communiquer leurs qualités et... leur appétit !

P.-S. — Sur le conseil d'un touriste grec qui, ayant lu mes livres sur la pêche, m'avait — dans une lettre — enseigné les moyens employés, aux environs du Pirée, par les pêcheurs de son pays — j'ai, dans une seconde campagne, attaché, au bout d'un long roseau, un gros paquet d'étoupes qui, mouillé, faisait (en grand) ressembler mon arme aux petits balais qu'emploient les cuisinières pour laver la vaisselle... On appuie sur l'oursin, collé aux roches, la partie chevelue de l'appareil, auquel on imprime un mouvement giratoire. Les épines du coquillage s'engagent et s'accrochent dans la filasse, et il y reste empêtré solidement. La supériorité de ce système sur le roseau des Provençaux est indiscutable : non seulement la proie ne se détache pas, mais on n'est nullement obligé de remonter le roseau à chaque coup. De plus, en promenant ce balai dans les endroits où les oursins abondent, on le tire de l'eau chargé souvent de quinze et vingt prises.

CHAPITRE XV

Cap Saint-Jean.

Chaque fois que j'ai séjourné au bord de l'Océan, j'ai regretté que les savants modernes ne nous aient pas encore fourni le moyen d'utiliser, pratiquement et sans frais considérables, la force perdue des marées. Sur les plages de la Méditerranée — où le mistral s'en donne souvent à cœur joie — c'est la puissance inexploitée du vent qui me préoccupe...

Nous avons subi, l'autre jour, un aquilon dont la brutalité dépassa les limites de la bienséance. Comme la pluie s'en est mêlée, je commençais à en rabattre sur les enchantements de la côte d'Azur, quand, par bonheur, le ciel s'est troué pour me montrer des échantillons de son lapis légendaire. Profitant de l'ouverture, le soleil s'est avisé de percer les nuées de ses rayons, et j'ai cru entendre sa voix d'or me crier : « Patience, je suis toujours là ! » Mais quelle averse a précédé cette éclaircie !

Les gens qui, à mon exemple, se sont promenés, aussi ce jour-là, sur la crête des Alpes-Maritimes, vous affirmeront que le vent d'est est bien vilain personnage ! On a beau enfoncer son chapeau et boutonner son pardessus, il vous sépare violemment de votre coiffure et lève les jupes des dames à des niveaux gênants... pour elles seules... C'est en luttant avec cet invisible boxeur que l'idée m'est venue d'une série de moulins à vent — lesquels, échelonnés sur les cimes de Vintimiglia à Toulon — actionneraient des bobines électriques... Grâce à ce système on emmagasinerait facilement de quoi éclairer la France méridionale. Vous imaginez-vous les jardins qui brodent de fleurs ce littoral merveilleux, visibles la nuit comme en plein jour ? Quel spectacle féerique ! Et quand bien même les ailes de ces moulins demeureraient inactives, leurs silhouettes haut perchées ne nuiraient pas au site. Je voudrais que l'innovation, issue de mon dépit contre cette récente tempête, fût réalisée par un entrepreneur de luminaires, car il n'est pas douteux qu'on pourrait, en dépit des plus épaisses ténèbres, circuler en barque dans les rades, à plusieurs milles du rivage, sur une mer dont tous les récifs seraient visibles. Je ne serais pas, en tout cas, obligé d'employer des lanternes pour relever, après la tombée du jour, mes souricières à langoustes...

Le cap Saint-Jean, théâtre de mes actuels exploits, est formé de roches couronnées de pins parasols. Les bases sous-marines de ces promontoires, usées et creusées par l'assaut perpétuel des flots, abondent en crevasses et cavernes où les langoustes élisent volontiers domicile. En disant langoustes, j'emploie un terme exagéré : la taille exiguë de ces crustacés leur a valu le nom — plus gracieux d'ailleurs — de langoustines... Quand j'aurai déclaré que leur plus grand nombre ne dépasse pas, en dimension, de grosses écrevisses, mon diminutif paraîtra normal et sensé.

Or donc, mesdames les langoustines — l'élément fondamental de toute bouillabaisse qui se respecte — se tiennent tapies dans des fissures dont les abords sont garnis de varechs. On distingue à l'œil nu les allées et les venues qu'inflige à ces végétations aquatiques la poussée isochrone et le retour périodique des vagues... On dirait de chevelures vertes agitées par des têtes de noyés, et cette illusion macabre est souvent complétée par des bosses pierreuses ou par des masses de madrépores moulées en forme de crâne humain. Les yeux, le nez et la bouche du trépassé apparaissent aux esprits faibles. J'y ai été pris dans les commencements de mes explorations — alors que ma prunelle curieuse cherchait à distinguer les objets dans ce milieu mouvant et glauque.

Aujourd'hui, je suis guéri de ces hallucinations peu folâtres, et je perçois si nettement les objets immergés que je n'ai plus besoin de points de repère pour retrouver mes engins, déposés à des profondeurs de plusieurs mètres. Quand les pêcheurs de rivières plongent une nasse ou un verveux, ils leur adjoignent un paquet de branchages qui, flottant sur l'eau à l'extrémité d'une ficelle attachée à l'engin, leur permet de relever leurs pièges sans en oublier un seul... Le pêcheur du littoral emploie des rameaux d'oranger ou de citronnier — et, dans la saison où ces arbres sont en fleur, le promeneur, penché à l'avant de sa barque, est tout à coup surpris et charmé d'apercevoir, balancé par la vague, ce bouquet d'épousailles d'aspect poétique et d'odeur enivrante.

La nasse à langoustines rappelle la souricière

Coupe verticale d'une nasse à langoustine.

vulgaire, la souricière antique en forme de cage ronde, dont le sommet est renfoncé en son milieu. De telle sorte que l'animal pour engloutir l'appât enfermé dans la cage est obligé d'y pénétrer par l'unique orifice situé à sa partie supérieure. Lorsqu'il veut sortir de table, il se pique aux fils de fer dont il n'a point senti la pointe à son entrée dans l'appareil. Et le voilà captif, et, finalement, mis à mort ! Les langoustines — de même que les rats et les souris — escaladent ce perfide garde-manger et prouvent la même maladresse à s'en échapper.

Il va, sans dire, que ces nasses sont quinze ou vingt fois plus grandes que les souricières qui ont donné l'idée de leur construction et de leur emploi. Généralement on fixe, à l'intérieur, des débris de poisson ou de viande qui excitent l'appétit des crustacés, mais j'ai constaté que cette tentation n'était pas indispensable et que la curiosité suffit à faire tomber dans le piège des sujets de fortes dimensions et de vieille expérience... C'est la nuit surtout que les prises s'opèrent. Enhardie par les ténèbres, la langoustine quitte sa tanière et se livre à des promenades qui lui sont parfois fatales. C'est donc au hasard que je suis redevable d'avoir été, en plein midi, témoin d'une scène généralement nocturne :

L'ardeur du soleil m'avait poussé à chercher un peu d'ombre dans l'un des golfes mignons que forment, à l'est, les découpures du cap

Saint-Jean ; suivant mon habitude, je regardais le fond de l'eau, quand j'aperçus l'une des nasses « tendues » par mon compagnon. Tandis que je m'appliquais à m'assurer — au travers des losanges métalliques du piège — s'il contenait ou ne contenait pas de prisonniers, une assez jolie langoustine m'apparut, cheminant à cinquante centimètres environ... Elle avançait avec prudence — s'arrêtant de temps à autre et tournant dans tous les sens ses yeux pédiculés. Arrivée près de la nasse, elle commença par la toucher de ses longues antennes. (Le nom scientifique de cet appendice ne revenant pas à ma mémoire, j'emploie celui-ci.) Et puis, s'enhardissant, elle grimpa le long du treillage. Dès qu'elle l'eut gravi, elle eut l'air de réfléchir. A ce moment, un poisson fort alerte survint et plongea prestement dans la nasse ; cet incident sembla la décider à une exploration qu'elle jugeait sans doute périlleuse, et la voilà qui disparaît à son tour dans la souricière...

J'ignore ce qui s'ensuivit. Toujours est-il que lorsque nous « levâmes » l'appareil, le lendemain, Lazare et moi, nous y trouvâmes la langoustine assoupié près de l'arête dorsale du poisson ! Était-il mort du désespoir de se sentir prisonnier, ou avait-il succombé dans une lutte homérique pour être dévoré ensuite? La mer a des mystères impénétrables. Lazare, consulté, n'a pas osé se prononcer ; quant à la langoustine — finalement échouée dans les casseroles de la réserve de Beaulieu — je doute, ami lecteur, qu'elle sorte de l'estomac qui lui a servi de demeure dernière pour venir m'éclairer sur ce drame, plein à la fois de doute et d'horreur !!!

CHAPITRE XVI

Villefranche.

Les personnes d'esprit superficiel — dont les jugements sont prompts et les idées sans consistance — prétendent que les pêcheurs et les chasseurs sont, à de rares exceptions près, des êtres féroces et dénués de tout sentiment humain et poétique.

L'une d'elles me disait un jour : « Rien ne trouve grâce devant la brutalité de vos instincts et lorsque vous courez à la poursuite d'un pauvre oiseau dont la présence est dénoncée par votre chien, vous allez droit devant vous sans souci des gens et des choses... Votre botte, digne de chausser Attila, écrase sans pitié des végétaux inoffensifs et, là où elle a passé, rien ne repousse! »

La dame qui s'exprimait ainsi trompait, pour le caprice d'un stupide freluquet, le plus tendre et le plus intelligent des époux! Et ce, avec un tel cynisme, que l'excellent homme, apprenant son déshonneur, se brûla la cervelle dans un accès de découragement! Ainsi va le monde. Voilà une femme qui ne pardonnait pas à mon soulier de sacrifier à ma passion une violette ou de molester une rose, et dont la mule de satin — pour satisfaire ses instincts vicieux — foulait le plus sacré des devoirs, souillait le foyer domestique, et causait la mort d'un irréprochable mari.

Ce drame me revient à la mémoire comme une protestation... Moi? insensible aux beautés et aux productions de la nature? Quelle injustice! En ce pays où les fleurs sont l'objet d'une culture qui en constitue la richesse principale, j'éprouve des enchantements indicibles. Aussi je range souvent mes lignes et mes fusils pour me promener dans des jardins où je paye à mes yeux et à mes narines des régalades divines; je me saoule positivement de parfums, et cette ivresse délicieuse provoque en mon esprit des accès de poésie — sagement réprimés d'ailleurs. C'est en ces moments que les accusations de la bourgeoise adultère se dressent en ma pensée — pareilles à des injures imméritées. Et ma conscience me dit que l'on peut tuer une perdrix, s'emparer d'un homard et bousculer une tige de réséda, sans avoir, pour cela, une âme de bronze fermée à toute sensibilité et à toute déférence!

Hier, je fis arrêter le landau qui, par la Corniche, me charriait de Saint-Jean à Nice, pour pénétrer dans un vaste établissement horticole qui contribue largement à l'approvisionnement de nos marchés parisiens. Ses expéditions quotidiennes de paniers remplis de mimosas, de roses, de violettes, de cyclamens, d'anthémises, d'héliotropes, etc., etc., se chiffrent par des unités suivies de deux et trois zéros! Profitant de ma visite, j'ai étudié, sur place, la façon dont on procède en cet Eden, dans le but de favoriser l'éclosion de toutes les *cassolettes naturelles...* (Ainsi s'exprime, en son langage précieux, le directeur des parterres en question.)

A cette heure, la cueillette des fleurs et leur emballage n'ont plus de secrets pour ma soif d'érudition horticole. J'ai — cela va de soi — dépêché sur Paris des échantillons variés de cette flore admirable... On a toujours, dans la capitale, une politesse à rendre. Et les maîtresses de maison préfèrent, à une carte de visite, voire à un sac de bonbons, des bottes de jasmin fraîchement cueillies qui apportent avec elles, — enfermée dans leur sein, — un peu de l'atmosphère lumineuse et embaumée de la Provence !

Ma commande coupée et empaquetée en ma présence, je soldai mon dû, et, à ma grande surprise, je constatai que moyennant la même somme, on m'eût délivré deux fois plus de fleurs — aussi jolies et aussi odorantes — au marché de la Madeleine !!! Et j'avais, paraît-il, payé mon achat un prix exceptionnel — un prix d'ami !

Ce phénomène me causait une perplexité d'autant plus accentuée que les bouquets vendus à Paris proviennent de ce littoral. Il faut, en plus, compter avec les déchets (fleurs flétries ou abimées) qui obligent les débitantes de la capitale — mes concitoyennes — à majorer leurs tarifs si

elles ne veulent pas y mettre de leur poche !
Au moment où je rédige cette causerie, je ne suis
pas encore revenu de ma surprise, et j'attrape-
rais — si je demeurais plus longtemps en face de
ce problème — une migraine à laquelle je demande la permission de me dérober. Du reste,
en cette occurrence, la singularité du fait prime
la question d'argent, car le travail auquel j'ai assisté dans ces manutentions végétales me dispo-
serait plutôt à trouver très raisonnable le cours
de leurs produits.

Le profane croit que le jardinier n'a qu'à se
rendre, ses ciseaux à la main, à l'endroit où ses
« planches » sont disposées en ordre parfait —
et qu'il n'a qu'à se baisser pour ramasser la récolte qu'il jettera dans une manne et qu'il expé-
diera ensuite à sa destination. C'est une grave
erreur : ainsi, pour prendre un exemple —
j'étais présent à l'une des cueillettes quotidiennes
d'œillets : non seulement les ciseaux de l'opéra-
teur ne les détachaient pas tous de leur tige, mais
ils en respectaient beaucoup que, certainement, je
n'aurais pas épargnés. D'autres fois, il abattait
impitoyablement jusqu'à cinq et six fleurs nais-

santes. A mes questions, il répliqua que la sève productrice de chaque touffe représente une quantité fixe avec laquelle il importe de compter.

Pour obtenir le rendement total de cette quantité, il s'agit de procéder avec entente et circonspection. Si j'avais à ma disposition l'espace qui me manque, je ferais comprendre, à ceux qui daignent me lire, comment on favorise le développement et l'épanouissement de certains boutons naissants en débarrassant la plante d'autres boutons qui — si on les laissait sur leur tige — absorberaient leur part de sève au détriment de la santé et de la beauté de leurs camarades. Bref, il est des *pieds* qui, traités d'après cette méthode, ne donneront peut-être que quatre fleurs au lieu de douze qu'ils promettaient, mais ces quatre fleurs seront superbes et d'un parfum pénétrant et concentré. Elles vaudront chacune quinze centimes. Qu'on s'abstienne des sacrifices accomplis par le sécateur, cette tige fournirait douze œillets, c'est vrai, — mais quels œillets! — des œillets malingres, maigrement fournis — sans odeur, — des œillets de rebut et invendables!

Ces soins minutieux, qui s'imposent à tout horticulteur avisé, démontrent qu'en versant trois sous pour une simple fleur (car il en va de même pour la majeure partie des espèces), c'est la peine exigée par l'éclosion de cette fleur qu'on rémunère, plutôt qu'on ne paye la fleur elle-même.

Le mimosa est un des rares types qui ne nécessitent point tant de soucis. Solide, indifférent aux changements de température, bravant l'aquilon et d'une production généreuse, on n'a qu'à le débarrasser de sa parure dès qu'il a fleuri.

Le rosier vient ensuite dans l'échelle de la résistance et de la rusticité. Notez qu'en ces contrées il fournit des roses presque toute l'année. Sa floraison est particulièrement belle et féconde — pendant quinze jours — quatre fois en l'espace de douze mois! A ces poussées exceptionnelles succède une accalmie durant laquelle des roses surviennent, mais moins riches en pétales et de dimension exiguë.

J'aurais pu ranger l'héliotrope à côté du mimosa, car il est — comme lui — arborescent... Tantôt j'ai fleuri ma boutonnière grâce à la permission que m'a octroyée le propriétaire d'un héliotrope plus haut qu'un pommier et dont le tronc mesure cinquante centimètres de diamètre. Il paraît que j'avais affaire à un sujet âgé de plus de cent ans! Le géranium partage, avec ce végétal, la même faculté, mais il n'atteint jamais des dimensions pareilles : il demeure à l'état d'arbrisseau et présente, en outre, l'inconvénient de n'être pas continuellement en fleurs. Il se borne à montrer une fois seulement ses énormes bouquets rouges : quoi qu'il en soit, elle n'est point ordinaire ni méprisable la contrée où celui qui possède un jardin peut crier à ses maçons :

— Abattez mon mur de clôture! La haie de rosiers, de géraniums et d'héliotropes qui entoure ma propriété est assez élevée et assez puissante pour la défendre contre l'escalade des maraudeurs.

La vérité m'oblige à dire que, sur lieux et en certaines occasions, les bourses les plus modestes peuvent s'offrir, à bon compte, des débauches fleuries. J'entends l'époque des fêtes carnavalesques durant lesquelles la fleur est classée parmi les projectiles obligatoires.

Ces batailles, où chacun lutte à coups de bouquets ne seraient praticables qu'entre les millionnaires si, en ces jours de liesse, les horticulteurs n'abaissaient point un peu leurs tarifs... ils se rattrapent d'ailleurs sur la quantité, car c'est par milliers qu'ils livrent — moyennant dix centimes la pièce — de ravissants faisceaux composés de giroflées, de violettes et de mimosas. En deux chapitres précédents, j'ai exprimé mon sentiment à l'égard de ces petites guerres, pas toujours inoffensives.

A l'une des récentes batailles de fleurs de Menton, j'ai reçu, en plein visage, une botte de roses mousseuses dont on n'avait pas enlevé les éperons (je veux dire les épines); c'était le deuxième accident de ce genre dont j'étais victime et, par une coïncidence étrange, cette fois encore, une femme en était responsable. Certes, il est très flatteur d'être bombardé par une patricienne assez opulente pour mettre cent sous à chacun de ses projectiles, mais payer cette faveur d'une éraflure profonde qui barre ma figure —

comme l'écusson d'un royal bâtard — et d'un cuisant pochon qui laisse penser que j'ai l'œil droit au fond d'un encrier... non, vrai, c'est trop cher ! J'eusse préféré, belle madame, que vous heurtiez mon nez avec l'humble bouquet du prolétaire. En ces conditions j'irais vous présenter mes hommages, car je ne craindrais pas de vous voir — railleuse et cruelle — éclater de rire à l'aspect des comiques blessures qui sont votre œuvre !

Je pense — en manière de consolation — que, dès demain, j'échapperai, pour quelque temps, à des horions de ce genre... Dans une lettre, arrivée à Paris le lendemain de mon départ, je suis prié à des chasses sérieuses du côté de la frontière piémontaise. C'est ce qui explique les points élevés d'où sont datés les trois entretiens qui suivent.

CHAPITRE XVII

Col de Tende.

Le chasseur qui s'en va seul — uniquement escorté de son chien — battre les prés, les buissons et les bois, constitue presque une exception. La généralité des opérations cynégétiques s'effectue en bande, et comme il advient souvent que l'inviteur ne groupe pas des invités qui se fréquentent ou se sont déjà rencontrés, on peut avancer — à la façon de M. de La Palisse — que la chasse engendre des liens qui, sans elle, ne se fussent jamais noués. Je sais des gentlemen chasseurs fort répandus qui, à leur arrivée en France, ne connaissaient pas un chat! Bref, qu'elle soit la base de mariages, d'affaires, ou d'amitiés, la chasse détermine un tas d'incidents qui exercent sur nos agissements une influence certaine... Je suis moi-même un exemple frappant de cette particularité...

Si je n'étais pas chasseur, je ne me serais pas rendu à Chamonix, il y a quatre ans, dans l'intention de tuer, au-dessus des Ouches, des coqs de bruyère et des chamois, en compagnie des frères N..., qui possèdent un rendez-vous fort logeable au pied de ce contrefort du Mont-Blanc. Et alors, je n'eusse pas été présenté à un Italien de distinction — lequel est, lui aussi, pourvu d'un poste et d'un équipage dans un autre *perchoir* alpestre. Enfin, je ne serais point, à cette heure, l'hôte de cet aimable signor, dont la passion pour la prise des lièvres de montagnes tient de la toquade et touche au fanatisme.

La lettre où M. Paoli, me rappelant une promesse vaguement formulée, jadis, à trois mille mètres au-dessus du niveau de la mer, m'enjoignait de comparaître par devant sa barbe brune dans la huitaine franche. La signification était rédigée en termes si galants, l'itinéraire qui la suivait était si clair et le programme, terminant cet appel, était si tentant, que je ne fus pas long à y répondre par une acceptation. Et c'est pourquoi me voilà ici... Mais un mot d'abord.

A l'exception de la chaleur qui devenait de plus en plus gênante à mesure que je m'approchais du Piémont, l'ascension ne m'offrit rien de notable. J'avais quitté Paris trois semaines avant, juste au moment où les premières fourrures et les premiers rhumes de cerveau s'exhibaient sous forme de pelisses et d'éternuements, et j'avais sottement oublié que je me dirigeais vers des contrées où les froids sont tardifs, en sorte que je regrettai vite de m'être empêtré d'un équipement hivernal. Ainsi qu'on verra par la suite, d'autres regrets m'assaillirent bientôt.

L'habitation — ou plutôt le rendez-vous de chasse de M. Paoli — est accrochée aux flancs d'une montagne d'aspect impraticable et sauvage. On dirait que ce chalet tient au roc grâce au lacis de plantes grimpantes qui tapissent ses murs, escaladent son toit et s'accrochent aux oliviers et aux caroubiers du voisinage. Sa disposition intérieure trahit le souci cynégétique dans ses moindres détails. Les chambres sont confortables sans être luxueuses : on y trouve plus de tire-bottes et de pâte à graisser les fusils que de tableaux de maîtres et de bibelots japonais. En revanche, le hall qui sert de salon et de salle à manger trahit, dans ses moindres détails, sa mission d'abriter des gens fatigués, pressés de se réchauffer ou de se rafraîchir, et désireux, avant tout, de s'étirer les membres. De vastes sophas couverts de molesquine — des buffets chargés de caves à liqueurs, de samovars, de carafes emplies d'eau de source ou d'Asti Spumante — une table immense qui devient billard à l'occasion et une bibliothèque garnie de livres spéciaux : tel est le mobilier de l'immense pièce où, les soirs de vent d'est, on allume des pins énormes dans une cheminée colossale où fut rôti un veau tout entier à l'occasion de la dernière Saint-Hubert.

Je ne dirai rien de l'armurerie dont les vitrines préservent de la poussière et de la rouille tous les types de fusils connus; ni du chenil où quinze « gueulards », d'une race indigène, sont admirablement soignés; ni d'un vaste grenier à fourrage où couchent, sur un foin odorant, les valets de chiens et les porte-carniers.

L'hospitalité m'impose de rester courtois, mais pas au point de m'abstenir de toute critique... Mon amphitryon ne m'en voudra pas, je l'espère, si je déclare que mon bonheur sous son toit eût été complet à la condition que, dès le premier soir, les moustiques, surabondants en cette saison, ne se fussent pas avisés de faire ripaille au détriment de mon individu. Huit heures de char-à-banc me donnaient pourtant quelque droit à un peu de repos ! Mon hôte m'a juré que c'était l'affaire de quelque temps et que bientôt je serais affranchi du tribut payé par les étrangers à ces bestioles maudites.

— Vous admettez bien, me répétait-il encore tout à l'heure pendant que je me grattais jusqu'au sang, que les moustiques — dont l'intelligence n'est pas niable — ne sont pas assez sots pour laisser échapper l'occasion que vous leur présentez. Au lieu de nos cuirs tannés par le vent et rissolés par le soleil, vous leur apportez une peau molle, blanche et fraîche où leur dard pénètre facilement... A leur place vous n'agiriez pas autrement.

Cette démonstration, si logique qu'elle fût, n'eut pas le don d'apaiser mon ressentiment. Certes, il est flatteur d'entendre qualifier sa peau d'épithètes louangeuses, mais, au supplice que j'endure, je préférerais le débinage le plus malveillant de mon épiderme. Ainsi qu'on a pu le constater précédemment, ce n'est pas la première fois que je subis pareille tablature. Jamais, cependant, elle ne m'a paru autant cuisante et intolérable. Il y a, paraît-il, moustiques et moustiques! Quand je chassais dans les étangs de Seine-et-Marne, j'avais vite raison de cette vermine avec des lotions *non essuyées* d'eau phéniquée. Ici, c'est à croire que l'odeur de l'antiseptique stimule leur appétit! Je crois — si ce supplice continue — que je serai obligé d'user de certain moyen que le hasard me fit employer dans ma jeunesse à Saint-Mammès, dont les eaux stagnantes attirent tous les diptères connus — depuis le perfide cousin jusqu'au maringouin redoutable!...

C'était à l'époque de ma plus folle adolescence;

j'adorais la chasse au marais et j'associais à ce plaisir d'aimables drilles qui n'engendraient pas la mélancolie...

Mon lecteur me pardonnera-t-il de céder au charme de ces ressouvenances et de revivre ici ce folâtre épisode de mes débuts cynégétiques ?

Donc nous étions débarqués — quelques amis et moi — à Saint-Mammès. Il s'agissait d'une chasse émouvante, suivie d'une pêche sérieuse. Trois actrices appartenant à des théâtres de genre, friandes de plaisirs champêtres et de délassements sportifs, s'étaient jointes à l'élément masculin de notre troupe, en sorte que mon modeste « poste » put à peine contenir ce flot d'invités ! Il fallut dédoubler les lits et mettre des matelas par terre. La plus vaste pièce du logis — grande comme un cabinet particulier — fut abandonnée aux dames. (Ai-je dit qu'elles avaient eu la malencontreuse idée d'amener avec elles deux femmes de chambre ?) Cette pièce, où mon domestique rangeait d'habitude les fruits de mon jardin et faisait sécher des pruneaux et des haricots, avait été précipitamment débarrassée de ses planches et de ses claies, mais les moucherons, attirés par leur instinct frugivore, y étaient demeurés, si bien que les jeunes personnes, domiciliées en ce coin du bâtiment, passèrent une nuit tout à fait agitée. L'aurore allait poindre que, de ma chambre, située sur le même carré, j'entendais encore des bruits de gifles qui n'étaient pas sans m'inquiéter.

J'aime la bonne harmonie partout et surtout chez moi. Tout en faisant la part du caractère pointilleux et des jalousies puériles qui distinguent les femmes dont la comédie est le métier, je souffrais réellement à l'idée que ces dames avaient choisi ma maison pour champ clos. A un certain moment, les claques devinrent si sonores et si nombreuses que je résolus d'intervenir... à travers la porte, bien entendu.

M'étant levé et sommairement habillé, je m'avançai dans la direction du combat. A ma profonde surprise, des éclats de rire accompagnaient le fracas des soufflets.

— Le fait est que c'est une idée, disait la voix de Mlle P... J'en parlerai à ce pauvre V..., qui n'a que des fours!

Et ses camarades d'affirmer leur adhésion par des cris et une hilarité d'oiseaux réjouis. Le lendemain seulement — la plus loquace de mes pensionnaires m'ayant conté les incidents de cette nuit mémorable — j'eus la clef du mystère. Voilà ce qui s'était passé :

Les moustiques — alléchés par des épaules célèbres pour leur blancheur et par des charmes qu'accusaient les comptes rendus dramatiques — s'étaient tenu ce raisonnement : « Bien qu'on ait renversé l'ordre des menus en nous servant du fruit d'abord, nous ne bouderons pas sur une chair aussi appétissante. » Et ils s'étaient attablés dans les ténèbres d'abord... Quand les bougies furent allumées, le festin devint pantagruélique.

Les victimes de ces assauts... piquants se défendaient de leur mieux : les unes, en guettant le moment où l'insecte se posait pour l'aplatir d'un coup de paume; les autres, en tâchant de l'emprisonner dans son vol et de l'écraser en un violent battement de mains.

Ces opérations défensives inspirèrent à la plus éprouvée une réflexion qui accuse nettement l'artiste débutante dont les succès sont modérés :

— Jamais de ma vie je n'ai entendu tant d'applaudissements !...

— Si j'étais auteur dramatique, fit une autre, je lâcherais des millions de cousins dans la salle, le soir de mes premières... Le public, en se défendant, corserait les efforts de la claque !

C'est à ce moment que Mlle P... émit la réflexion qui, arrivant à mon oreille, me débarrassa de mes appréhensions de discordes et de batailles sous mon toit.

Les distractions de la journée qui suivit cette veillée bruyante mirent dans les cervelles des idées toutes différentes. Il fallut le retour de Paris de l'une des femmes de chambre (dépêchée le matin par sa maîtresse vers la capitale) pour remettre la question des cousins sur le tapis... Cette camériste rapportait huit maillots de danseuse, prêtés par le régisseur d'un théâtre à féerie. Ces maillots, sacrifiés au bien commun, furent distribués après avoir été préalablement plongés dans une infusion de feuilles de noyer. On leur fit bon accueil du côté des hommes, car ceux-ci, sans être aussi cruellement mordus, avaient dû également lutter contre les insatiables *lanciers* du marais !

Enfin, que dirai-je ? grâce à ce fourreau dans lequel l'un et l'autre sexe se glissaient le soir, notre séjour à Saint-Mammès ne fut qu'une succession d'heures délicieuses! On conçoit que, dévoré par les insectes alpins, je me sois rappelé le maillot sauveur de mon insouciante adolescence.

M. Paoli, auquel je narrai l'aventure — tout en préparant mes accessoires pour la chasse du lendemain — parut accorder à mon récit une croyance relative.

— Les moustiques d'ici, s'écria-t-il dans un accès d'amour-propre qui me fit sourire, se f.....icheraient pas mal de votre maillot!... Ils traversent le cuir le plus épais, monsieur, et se moquent même des *fidibus!*

Déjà pénétré des exagérations méridionales, je ne m'arrêtai point à la pensée des cousins dont le dard perfore le derme du rhinocéros, et mon attention fut de suite captée par le mot *fidibus* dont la signification m'était inconnue.

— Vous ne savez pas ce que c'est? me demanda mon hôte, vous m'étonnez! C'est une invention italienne... Des cônes grisâtres qu'on brûle dans la chambre où l'on couche. Les moustiques les plus acharnés sont endormis du coup et l'on a la paix durant vingt-quatre heures. Mais tout ça c'est de la bêtise! Il vaut mieux se laisser intoxiquer. Après quelques jours de torture, on est quitte à jamais et les cousins s'adressent à d'autres clients!

— Pardon! clamai-je d'une voix courroucée. Je ne tiens nullement à passer par la période d'intoxication et à subir les tourments dont vous parlez avec une facile aisance! Vite! où puis-je me procurer vos précieux *fidibus?* Dussé-je armer une frégate et stipendier un bataillon, il m'en faut avant ce soir.

— Calmez-vous. J'en possède de pleins tiroirs et je vais vous en remettre. Je craignais, en vous les offrant, *de froisser votre amour-propre...*

Voilà un échantillon topique du caractère local! Cette réplique n'empêche pas M. Paoli d'être le plus galant des hommes. Il voulait que je fusse intoxiqué. — C'était son idée fixe... mais pas la mienne. Je trouve que j'ai suffisamment abreuvé de mon sang les insectes de cette pittoresque altitude!

CHAPITRE XVIII

Col de Tende, San-Dalmasso.

En venant chercher, ici, des chasses différentes de celles que je suis accoutumé de pratiquer, j'ai atteint mon but... Je l'ai même dépassé : car, si le changement et l'imprévu sont choses attrayantes, ils perdent singulièrement de leurs charmes dès qu'ils provoquent des mésaventures.

Je m'étais complu à considérer la Villa-Paoli comme un quartier général où — après des expéditions plus ou moins heureuses — nous reviendrions, chaque soir, trouver une table bien servie et des lits sociables... J'avais — c'est le cas de le dire — compté sans mon hôte — Alpin mâtiné de Nemrod — dont la devise est *Excelsior*. Son penchant pour les sites farouches et difficultueux, sa passion pour les gorges abruptes, au sein des-

quelles on risque à toute minute de se rompre le
col, et le magnétisme qu'exercent sur lui les tentatives périlleuses, le portent à dédaigner la zone
à peine praticable où il a planté son chalet. En
grimpant, sur sa trace, jusqu'à des altitudes où
la végétation s'arrête et où les chiens éreintés
semblent vouloir en faire autant, je ne cède pas,
croyez-le bien, à une tentation personnelle...
C'est une pure question d'amour-propre : je ne
veux pas qu'on accuse un chasseur parisien d'avoir
renâclé en présence d'obstacles affrontés par
un chasseur piémontais!... Seulement, lorsqu'il
m'arrive de choir, par la faute des cailloux polis
que les torrents sèment à profusion dans les sen-
tiers, je songe — en frictionnant la partie lésée
de mon individu — que si la maxime de mon
compagnon est *Excelsior!* la mienne pourrait
s'écrire *Posterior!* Mais je ne veux point fatiguer
plus longtemps de mes doléances des lecteurs qui
attendent, sans doute, de ma plume des détails
plus intéressants.

Avant d'exposer les faits et gestes qui mirent
en notre possession des lièvres rusés et vigou-

reux, je tiens à présenter Giuseppe — le porte-carnier qui me fut adjoint au début de mes opérations. Une phrase suffirait à le dépeindre :

« Rencontré au coin d'un bois, Giuseppe mettrait en fuite un escadron de carabiniers ! » Il n'a pas le chapeau pointu et enrubanné, l'escopette à gueule béante et la barbe d'ébène qui caractérisent les brigands de l'ancienne « école » napolitaine. Les élégances de Zampa et les belles manières de Fra Diavolo lui sont étrangères, mais on sent qu'au fond de lui sommeillent des instincts plutôt farouches que les circonstances réveilleraient facilement.

Dédaigneux de la toilette, il porte, en manière de coiffure, un chapeau de pâtre dont le feutre est tellement usé, qu'en certains endroits les mèches de sa tignasse poivre-sel le trouent pour jaillir à la façon d'herbes vivaces. Sa grosse chemise de toile à voile, toujours entr'ouverte, laisse apercevoir une large poitrine plus embroussaillée que les maquis voisins. Sa culotte, taillée jadis dans un velours qui rappelle vaguement le velours des opéras-comiques et semble, à cette heure, extrait d'un innomable tissu.

Les raccords d'étoffes diverses, successivement chargées de réparer les brèches de cet « indispensable », sont si hétéroclites de dimensions et si indécis de ton, que cet assemblage défie toute qualification et qu'un coloriste chercherait vainement à leur accoler quelques-uns des adjectifs chers aux modernes salonniers.

Complétons ce portrait en ajoutant que les pieds de Giuseppe s'étalent, à l'aise, dans des morceaux de peau de chèvre, retenus aux chevilles grâce à des lacets végétaux, et que des fourreaux de laine bise protègent de la ronce sa jambe nerveuse et infatigable. J'ai réservé, pour la fin, sa veste qui remplit très rarement les offices de sa destination première. Giuseppe la jette presque toujours sur son épaule gauche, où elle prendrait des airs vainqueurs de dolman et de pelisse, n'étaient des renflements bizarres dont voici la cause : l'extrémité des manches, fermées par un enroulement de ficelles, procure à ce vêtement crasseux deux poches supplémentaires d'une profondeur utile, car elle permet à son propriétaire d'y entasser non seulement les menus objets dont il se sert quotidiennement, mais encore sa nourriture et sa boisson.

La manche droite m'a paru investie du rôle de cave et d'office. J'ai vu Giuseppe en extraire du Gorgonzola, des figues, du pain, des olives et une calebasse de forme incongrue emplie d'un alcool local. Dans ce garde-manger ouvert, se faufilent les insectes familiers et les parasites philanthropes dont l'entomologie italienne est millionnaire, en sorte que l'on comprendra l'obstination de mes refus chaque fois que mon acolyte m'offre de partager ses comestibles :

— *Ma per che, signor?* fait-il.

Et son visage, bistré jusqu'à rappeler la nuance de certains chocolats, trahit une surprise sincère. Ses petits yeux, semblables à deux grains de jais, m'envoient même parfois, à travers la frange tombante des sourcils touffus, des éclairs de dépit et de courroux.... Et je ne suis qu'à demi rassuré à la pensée d'une affaire d'honneur avec ce montagnard.

Il me faut ajouter que des bruits peu rassurants courent au sujet de mon acolyte... On a raconté à M. Paoli (qui me l'a répété) que Giuseppe fut l'époux de la plus jolie des montagnardes piémontaises et qu'il avait planté son couteau entre les épaules d'un de ses camarades, en train de conter fleurette à sa moitié! A la suite de ce drame, Giuseppe a prudemment changé de cime et a fixé son domicile légal (?) au col de Tende, où la justice le laisse en paix chasser pour autrui et pour son propre compte. J'ignore ce qu'il y a de réel dans cette légende; mais ce que je puis garantir, c'est que Giuseppe connaît comme personne la chasse au lièvre en ce séjour élevé de 1,800 mètres au-dessus du domicile de Mlle Otero.

Les montagnes abritent des quantités de lièvres connus — à quelques-uns près — par les gars de la trempe de mon porte-carnier. Les gens de son acabit sont peu scrupuleux et confondent volontiers la chasse et le braconnage. Ayant peu de rentes (même italiennes), ces hardis cavaliers trouvent dans la vente d'un lièvre, pris au piège ou tué au fusil, de quoi subsister pendant trois mois. Car leur frugalité dépasse toute supposition, et j'admire que, si peu sustentés, ils déploient, à l'occasion, une résistance physique et des efforts musculaires aussi puissants. Il est vrai que le riz entre pour beaucoup dans leur régime alimentaire et que le riz est très azoté... Un matin, avant de nous mettre en route, Giuseppe a tiré de sa manche gauche un papier huileux qui contenait une boule de riz au safran. Il l'avala d'une bouchée et, de toute la journée, rien ne pénétra dans son corps, à l'exception de quelques rasades d'alcool...

Mais je reviens aux lièvres.

Ces animaux sont donc tous connus et leur gîte est relevé chaque jour par des Giuseppe qui louent leurs services aux chasseurs et s'engagent à leur faire tuer tant de lièvres contre une somme convenue. Ceux qui — comme Giuseppe toujours — greffent sur leur concours celui d'un chien extraordinaire nommé Bataille (*Bataglia*), ceux-là sont plus copieusement rémunérés. Du reste, Bataille a des talents que j'ai souvent rencontrés chez des chiens courants, mais jamais aussi affinés, aussi perfectionnés et aussi infaillibles. Il lève le lièvre, le fatigue, ne se laisse prendre à aucune ruse du *capucin* et, finalement, il l'amène sous le canon du fusil. Jusque-là rien d'épatant? Soit. Mais trouvez donc un chien qui force le gibier à marcher dans une direction contraire au vent, à sa volonté et à son instinct? Quand Bataille a examiné l'endroit où Giuseppe se poste avec son tireur, il fait infailliblement passer la bête en cet endroit, si éloigné qu'il soit de son « passage » accoutumé !

Et puis (on me croira si l'on veut) amener, en une journée, quinze lièvres à la gueule d'une carabine qui ne bouge pas de place, je déclare, moi, que c'est gentil ! Ce fut donc, de la part de mon hôte, une attention vraiment délicate lorsqu'il m'octroya Giuseppe. D'autres invités rentrèrent bredouille — échecs peu surprenants — puisque Bataille cueillait les pistes sous le nez des autres quadrupèdes de son espèce et faisait siens les lièvres levés par eux.

Au début, ma réussite fut médiocre : je n'ai pas l'habitude d'attendre les civets au coin d'un rocher qui garantit mal d'un vent capable, par sa violence, de dévisser des pommes de canne. Et puis, il est éreintant de se tenir toujours l'arme épaulée... C'est la condition *sine qua non* du succès — mais, par l'effet d'une guigne qui m'a longtemps poursuivi, c'est toujours pendant la seconde où je posais mon arme pour allumer une cigarette, que le lièvre, dont Bataille brûlait le poil, se présentait à ma mitraille !

CHAPITRE XIX

Col de Tende, San Dalmasso.

On ne doit abuser de rien... Un moment vient où le pittoresque et l'imprévu eux-mêmes perdent de leur piquant ! Certes, il est flatteur de songer qu'on plane au-dessus des petitesses humaines, à une hauteur de deux mille mètres... Servir de pâture aux parasites, coucher dans des osterias crasseuses, avaler, sans relâche, des mets dont les épices les plus incendiaires forment la base, tout cela n'est pas banal ; mais, à la longue, on s'en fatigue... on se sent envahi par la nostalgie d'une vie différente et... plus confortable ! Si un ami vous vient trouver — alors que vous êtes dans ces dispositions mélancoliques — et si cet ami vous propose un bref séjour dans une cité civilisée, vous sautez sur sa proposition comme sur une délivrance ardemment souhaitée et vous n'êtes pas long à boucler votre valise.

Ce fut mon cas lorsque M. Paoli pénétra, avant-hier matin, dans ma chambre et mit la motion d'une suspension d'armes, sur le tapis.

— Que diriez-vous, fit-il en s'asseyant au pied de mon lit, d'une pointe sur San-Remo? Quatre heures de descente à pied et trois heures de charrette en pays plat ne vous effrayent pas?

— Cette idée, m'écriai-je, me ravit, au contraire! Du reste, des lettres de France doivent m'attendre à la poste... Et puis, je ne serais pas fâché d'expédier à des « connaissances » aimables les lièvres tombés sous mon plomb meurtrier.

En cet instant, Giuseppe montra sa tête hirsute. L'ordre de plier bagage parut le contrarier vivement. Il s'enquit de l'époque de notre retour sur les sommets, et lorsque je le priai de faire une bourriche de mes victimes :

— Je vous ménage une surprise, dit-il en son patois, d'un air subtil.

Quelques minutes plus tard, je l'aperçus dans la cour de l'albergo, en train d'extirper les entrailles du flanc des lièvres et de les remplacer par des poignées de becfigues qui sont, tout simplement, ce que l'on appelle des *petites bêtes* en Lorraine. Ce gibier — excellent, en automne, dans l'est de la France — n'est pas fameux en ces contrées où il est généralement servi sur du riz au safran. Les Italiens et les Provençaux en sont très friands et le payent un bon prix dans leurs marchés. Dans la montagne, où les amateurs sont plus rares, on en donne trois pour un sou !

Quoi qu'il en soit, les personnes qui recevront mes envois ne devront pas s'imaginer, à l'aspect de ces flots de passereaux sortant du ventre de mes victimes, que les lièvres du Piémont se nourrissent de pinsons, de chardonnerets et de rouges-gorges, ou bien encore que les hases à la suite d'accouplements improbables deviennent grosses d'oiselets microscopiques !

J'ai trouvé à San-Remo un courrier volumineux qui m'impose — à la façon de Napoléon au Kremlin — de consacrer quelques heures à mes affaires de France. Il paraît que les chasses d'automne battent leur plein autour de Paris. Un camarade a la bonté de me soumettre — comme une nouveauté — un modèle de carte d'invitation qui, sans qu'il s'en doute, existe depuis longtemps.

Cette invitation consiste dans une carte double dont tous les côtés sont utilisés. Quand on l'ouvre, apparaît un véritable petit plan géographique de la chasse, avec des nuances différentes pour marquer les étangs, les terres, les bois, les bruyères. Grâce à ces indications, le chasseur s'oriente sans risque de s'égarer. Sur le recto, la formule de rigueur : « M. X... a l'honneur de vous inviter à venir chasser avec lui », suivie des noms de tous les invités, écrits à la main. Enfin, au verso, les heures détaillées des départs des trains de Paris et des trains de retour. Toute autre considération négligée, j'estime qu'il est fort agréable de savoir, par avance, avec qui l'on passera six heures d'affilée et je m'étonne que l'emploi de cette coutume ne se soit point généralisé. Car elle est ingénieuse, élégante et pratique. On objectera, avec raison, que la teneur de ce vélin comporte une chasse importante et que le propriétaire d'un petit arpent de terres ou de bois serait un peu bien prétentieux d'en envoyer de semblables à ses amis. Et pourtant j'en connais qui, bravant le ridicule, tombent dans ce travers ! Depuis que la chasse a pris rang dans la liste nourrie des vanités modernes et que des bourgeois parvenus, des financiers esbrouffeurs et des gentlemen décavés ont résolu de jeter de la poudre aux yeux par tous les moyens, il n'est pas rare d'être convoqué en termes pompeux à des expéditions dont les résultats sont comiques à force de pauvreté !

Vous connaissez l'histoire du châtelain de Bois-Colombe qui, le soir d'une journée passée à fouler quelques hectares déserts, présente un de ses invités à sa femme en lui disant :

— Chère amie, voilà le roi de la chasse !

— Mes compliments, monsieur, vous avez donc été bien heureux ?

— Oh ! oui, madame, j'ai tué un merle et raté un lapin !

Du même ordre, la mésaventure du tireur auquel le maître de la maison fait grise mine parce qu'il a occis un lièvre — le seul qui hante la propriété — et qui s'entend dire par l'enfant de la maison :

— T'es un méçant, toi ! t'as tué *le* lièvre !

CHAPITRE XX

Nice.

Revenu au centre de mes opérations, je poursuis ma tâche d'observateur.

Lorsque la tempête et l'ouragan ont sévi au large, la côte est fréquentée par des poissons de taille et d'humeur à chavirer une embarcation très aisément et à couper net d'un coup de dent la jambe d'un marin tombé dans les flots. Cette redoutable friture appartient au genre squale. Elle ne diffère des requins que par la structure de la tête, mais elle en a l'aspect, la voracité, les défenses et les révoltes. J'ignore le nom scientifique de ces terribles particuliers, mais je connais, pour en avoir contemplé des douzaines, leur structure complète, depuis leur formidable mâchoire jusqu'à leur poids, qui dépasse souvent huit cents livres ! Il ne se passe pas de semaine où des pêcheurs d'Antibes n'en exhibent sur le galet de la Promenade des Anglais, à Nice. Je pourrais, tellement je suis bien renseigné sur la façon dont on s'empare de ces animaux, imaginer une prise à laquelle j'aurais assisté. Je préfère, selon ma coutume, avouer que je n'ai pas coopéré à ces périlleuses expéditions : cette rare franchise ne m'empêche pas d'affirmer l'authenticité de mes documents et la précision des détails fournis par les hardis gaillards qui s'emparent de ces monstres.

C'est à environ cinquante mètres de la pointe extrême du cap d'Antibes que se cantonnent ces terribles poissons dénommés *moines* par les naturels du pays. Comme tout acte répond à un mobile et que le mobile le plus commun chez les bêtes est l'appétit (après l'amour), je suppose que l'espoir d'une alimentation substantielle — rare en pleine mer durant la tempête — les détermine à s'approcher de la rive. Près du bord, le fretin est plus abondant, les charognes jetées à l'eau flottent en abondance et un accident peut plonger dans l'élément déchaîné par la bourrasque un batelier imprudent !... Les membres de la grande famille des requins ne sont pas très difficiles dans l'ordonnance de leurs repas... L'autopsie du tube digestif de l'un d'eux a mis au jour une cassette de fer, trois vieilles chaussures et des détritus innomables.

La cassette de fer — à moins que ce minéral n'ait été prescrit à cet insatiable goinfre — démontre que ce qui lui importe le plus c'est le volume et non la qualité... Cette considération n'empêche pas le requin de préférer la chair (la chair humaine surtout) à tout autre aliment, mais on ne laisse pas à sa disposition l'ordonnance de ses menus. Actuellement, les pêcheurs d'Antibes emploient, pour s'en emparer, des quartiers de chevaux abattus. Ils accrochent l'appât à un hameçon énorme qui a la forme d'un triple harpon, monté sur une décuple tresse de fil de laiton, et ils immergent cette amorce en des parages où la mer est profonde. Ils procèdent de deux façons : ou bien ils pêchent l'animal directement de leur bateau — ou bien ils posent, au crépuscule, des lignes de fond qu'ils vont relever vingt-quatre heures plus tard.

Vous rendez-vous compte de leur émotion lorsqu'ils sentent la résistance initiale, celle qui leur indique qu'un squale s'est accroché ? Vous pensez bien qu'ils ne s'avisent pas de le vouloir tirer de l'eau, séance tenante. Aucune force humaine n'y arriverait et le câble du plus fort calibre serait prestement coupé par un seul coup de dent du captif.

Ils lui donnent du champ, au contraire... le laissent filer et tourner la bobine autour de laqu s'enroule le lien puissant qui se termine par l'appât. Et puis, ils le tirent au cabestan ou à fo e de bras pour lui rendre de nouveau sa libre allure. Ce manège dure souvent sept et huit heures avant que la bête éreintée et à moitié asphyxiée permette, dans un moment de prostration, que sa tête émerge de la surface — moment psychologique, dont les pêcheurs profitent pour lui passer un nœud coulant et ajouter un harpon à longue tige de fer à celui qui l'a primitivement pincé.

Ce lasso l'étrangle, mais ce nouveau fer, enfoncé

dans sa gorge, redonne de la vigueur et de l'exaspération au squale qui recommence à se débattre et à tenter de fuir. Finalement, rompu de fatigue et à demi mort, il est hissé, jeté au fond de la barque où le plus hardi tranche sa colonne vertébrale d'un coup de hache. Cette succession d'actes importants exige plus que du courage et du sang-froid... Il faut de l'adresse, car on a vu des squales qui, dans leur agonie, renversaient des hommes et cassaient leurs tibias... Le dernier matelot que j'ai interrogé m'a juré qu'un sien cousin, hissant un requin et le croyant inerte, a tout à coup senti sa mâchoire qui lui saisissait l'épaule et y enfonçait les deux cents crocs qui tapissent ses mandibules. Par bonheur, le monstre expirait, sans quoi il avait la moitié du torse emportée ! Néanmoins, trois mois d'hôpital l'ont à peine rétabli.

L'œil de ces aimables particuliers mérite d'être décrit. Même quand ils sont morts, cet œil trouble et terrifie. Imaginez un ovale découpé dans une feuille d'or brun auquel la lumière donne des reflets fauves et changeants et des lueurs sinistres et intermittentes.

— A trente mètres de profondeur, me disait Zidorio, d'Antibes, on les aperçoit comme deux lampes rouges!

Ai-je dit que c'est la nuit surtout qu'opèrent les amateurs de ce sport mouvementé? Les squales sont aussi méfiants que féroces. Ceux qui, de jour, happent un baigneur ne sont guère connus que dans les mers lointaines. En Méditerranée [1], la chose pourrait arriver, puisque l'un des derniers étés, deux requins de taille sérieuse, poursuivant un dauphin, se sont échoués sur les sables d'un golfe dont le nom m'échappe. — Mais enfin on n'a pas eu, jusqu'ici, de tels accidents à déplorer. La prudence retient à plusieurs encâblures de la rive les plus téméraires d'entre ces pirates sous-marins.

On m'a dit que leur présence n'avait jamais été signalée en Méditerranée avant le percement de l'isthme de Suez (M. de Lesseps ne la prévoyait pas celle-là!) et qu'ils ont profité du canal pour visiter la Grande Bleue, où deux espèces — les moins féroces heureusement — se sont acclimatées... A la vérité, le vrai requin — celui qui

1. Je parle de la Méditerranée qui baigne les côtes françaises, de celle-là uniquement.

se couche sur le dos pour avaler commodément la proie que la longueur de son nez lui interdit d'approcher — le vrai requin, dis-je, le bandit affamé qui escorte les steamers pour ingurgiter tout ce qui en tombe, depuis les ordures ménagères jusqu'au mousse pris de vertige — ce requin-là n'est point fréquent dans les parages méridionaux comme dans les autres océans. Toutefois, je ne m'y fierais pas et je me baignerais avec répugnance en certains endroits. Finir dans l'estomac d'un poisson, quelle mort ridicule pour un pêcheur !

J'aborderai — sans transition — un autre sujet qu'un Donato amateur traitait hier au cercle Masséna.

L'idée d'appliquer le magnétisme et la suggestion aux animaux remonte loin. Il me faudrait, pour préciser l'époque où les premières expériences de ce genre furent tentées, me livrer à des recherches devant lesquelles je recule... Si j'ai bonne mémoire, c'est déjà sous Henri II qu'un sorcier quelconque traçait, avec de la craie, une ligne verticale et enjoignait à une levrette hypnotisée d'avancer sur cette ligne large de quelques millimètres, *en la menaçant de tomber foudroyée si l'une de ses pattes se posait à côté...* Je me trompe peut-être sur la qualité de l'expérimentateur, mais non pas sur le phénomène. La chose advint, paraît-il, et j'ajoute, d'après la tradition, que la pauvre levrette, ayant fait un écart, expira sur-le-champ.

L'utilité de cette épreuve m'échappe, car la démonstration de la sensibilité magnétique des animaux n'exige pas des faits aussi dramatiques... Il suffit de constater « l'influence » du fluide et chacun de nous a pu s'assurer qu'elle existe irréfutablement. Nos chiens n'obéissent-ils pas à notre regard ? N'avez-vous pas remarqué la persistance avec laquelle ils attachent, en chasse, leurs prunelles sur les nôtres comme pour y lire nos volontés ? D'autre part, vous avez noté que si, sans intention préconçue, vous fixez votre toutou pendant quelque temps avec insistance, il donne les signes d'une certaine gêne et détourne les yeux.... Ensuite, une puissance invincible le force à vous regarder de nouveau et le même malaise se traduit par l'attitude embarrassée de l'animal.

Quoi qu'il en soit, il appert des observations,

consignées jusqu'ici, que les animaux domestiques sont seuls à se pouvoir prêter au rôle de *sujet*, et encore ne peut-on être catégorique qu'à l'égard du chien et du cheval...

Certains dresseurs de caniches savants — et le fameux Rarey, l'écuyer dompteur qui, d'un regard, calmait les étalons les plus féroces! — ont signé des livres qui corroborent cette assertion. Je serai moins formel en ce qui concerne les fauves et, en dépit des séances où l'on voit les Bidel et les Pezon s'étendre nonchalamment sur leurs lions comme sur un sopha, je conserverai la conviction que la cravache des belluaires joue dans cette émouvante comédie un rôle plus actif que leur *vouloir* et les éclairs de leurs pupilles!

Il est donc avéré, pour moi, que celui-là est vraiment fol qui exposait hier un projet de *chasses par le magnétisme* et c'est à la proposition saugrenue de ce clubman que mes lecteurs doivent les présentes considérations. Il est Napolitain et passe la saison d'hiver à Nice où il s'est adonné — en manière de passe-temps — aux études de suggestion pratiquées aujourd'hui dans le meilleur monde.

Cet adepte des théories mesmériennes part de ce principe que les bêtes sont endormables et hypnotisables pour soutenir qu'un chasseur, ayant remplacé le fusil par une forte provision de fluide, fera aisément entrer dans son carnier tous les lapins, les lièvres et les faisans d'une contrée. Il oublie que, pour infliger le sommeil magnétique à un être quelconque, il importe que cet être n'y mette pas de résistance et ne détale pas avant qu'on ait eu la possibilité de le dévisager. Or, c'est le cas de tous les types comestibles sauvages. Pressentant que les agissements de l'homme tendent à s'emparer de leur individu pour s'en repaître par la suite, ils prennent, à son approche, leurs pattes à leur cou et ne procèdent point à la façon des gens de bonne volonté qui se placent docilement sur un siège et s'exposent, sans récalcitrance, aux passes des charmeurs. Le seul cas du gibier gîté s'adapterait à la singulière motion de mon péninsulaire, à la condition toutefois que ce gibier soit magnétiquement sidérable... Jusqu'à plus ample informé, j'exprimerai des doutes sur la possibilité d'endormir des cailles et des perdreaux et mon scepticisme ricochera sur les grands animaux et les fauves d'un naturel encore moins accessible. En tout cas, je déclare qu'on se tromperait de porte en venant requérir mon concours pour certaines expériences... J'avoue qu'en face d'un tigre, je n'aurais pas le sang-froid d'étendre le bras et de m'écrier avec un accent impérieux : « Veux-tu me faire le plaisir de dormir ? » et d'ajouter, dès qu'il serait en sommeil magnétique : « Viens maintenant embrasser ton petit *mémaître !* » Non, non ! Quand bien même on me promettrait ma statue, dans un carré du Jardin des Plantes, je me refuserais obstinément à tout essai de ce genre.

D'abord, j'ai la conviction que la panthère noire, par exemple, est une gaillarde réfractaire aux gestes fluidiphores, et qu'un fort lingot de plomb, envoyé de loin au moyen d'un *rifle*, au défaut de son épaule, lui procurerait un sommeil bien plus rassurant que toutes les torpeurs dont les endormeurs disposent. Il n'est cependant pas interdit à l'inventeur de « la chasse magnétique » de poursuivre son œuvre. Le jour où je verrai une perdrix s'insinuer dans sa gibecière à sa première injonction, je commencerai à le prendre au sérieux. Je ne l'accompagnerais peut-être pas pour cela dans des expéditions contre des tigres et des léopards ; mais enfin, mon incrédulité ne serait plus aussi robuste et je ne me tiendrais plus les côtes s'il s'avise de me conter qu'il a ramené, dans son poulailler, un troupeau d'éléphants frappés par lui de suggestion alors qu'ils paissaient tranquillement le foin d'une prairie de l'Afrique centrale.

Du reste, mon disciple du baron du Pothey pourrait me donner un échantillon de son savoir-faire sur des animaux de dimension moindre : mon chien est présentement couvert de puces ; ma cuisinière prétend que des cafards sont réfugiés sous son fourneau, et mon valet de chambre accuse, de ses insomnies, des punaises indestructibles... Que mon discoureur italien ait la complaisance de m'hypnotiser toute cette vermine et de la précipiter, d'un signe autoritaire, dans un baquet plein d'huile bouillante, il aura en moi un fervent apôtre qui consacrera le reste de ses jours à chanter sa gloire.

Considération dernière :

Cet ingénieux Napolitain serait bien gentil de m'apprendre si le gibier, occis et mis à la broche en état magnétique, demeure chargé d'effluves contagieux ou communicables? Et, dans l'affirmative, s'il n'endormirait pas celui qui en consommerait l'aile ou la cuisse? Voilà un point à élucider... Voyez-vous, à table, douze convives, repus de côtelettes de chevreuil hypnotisé, demeurant assoupis sur leur chaise, la fourchette en l'air et le nez dans leur assiette? La conversation manquerait d'entrain et la présentation du dessert serait fortement retardée !

CHAPITRE XXI

Réserve de Beaulieu.

Documents puisés dans une conversation avec M. Keller, célèbre horticulteur de la localité.

On récolte, présentement, les « pommes d'or » dans tous les pays où l'oranger pousse en pleine terre... Cet arbre, dont j'ai déjà parlé dans mes premiers chapitres, a toujours éveillé, en moi, une attention spéciale. Ce n'est pas parce que ses fruits mûrissent en dépit du froid, ou qu'il se distingue par une particularité quelconque... Il vit sa vie sans exiger plus de soins qu'un prunier et se comporte à la façon de tous les végétaux... C'est pourquoi j'attribue l'intérêt qu'il m'inspire à certaines impressions de ma toute première enfance, écoulée dans l'Est, sur un sol rebelle à l'acclimatation et à la croissance des plantes méridionales. Je me rappelle l'admiration naïve qui s'empara de mon esprit quand, un tantôt du mois de juin, ma mère me conduisit devant la caisse de bois peint d'où émergeait l'un des six orangers dont s'enorgueillissait la promenade publique de N...

A cette époque, la conquête de l'Algérie était loin de toucher à sa fin. On ne se doutait guère de la future annexion de Nice, et l'oranger — connu seulement par de rares spécimens conservés sous la toiture vitrée des serres et soumis au plein air avec mille précautions — avait, aux yeux du plus grand nombre, un prestige d'exotisme qu'il a perdu depuis. La taille sphérique du végétal, l'odeur suave et capiteuse de ses fleurs épanouies, jointe aux commentaires maternels touchant les propriétés thérapeutiques de ses feuilles, et aussi le souvenir des premiers quartiers, sucés avec délices au début d'une longue convalescence, tout concourut à affermir et même à accroître ma considération pour cet arbre précieux et décoratif. Des événements, consécutifs à cette phase de mon existence, ne contribuèrent point à la diminuer !

Les orangers des Tuileries furent témoins de mes premières parties de barres. Quand j'étudiai la médecine, c'est à l'ombre de l'un de ceux du Luxembourg que me fut donnée, par miss Fauvette — une étudiante, morte brûlée par la suite — mon premier rendez-vous galant. Plus tard, lorsque la Seine débordée envahit Maisons-Alfort, j'eus le bonheur d'opérer le sauvetage d'une pauvre famille... J'avais oublié cette aventure lorsque, le 5 mars suivant, jour de ma fête, je reçus un pot de fleurs dans le terreau duquel plongeait une mince baguette agrémentée de quelques feuilles jaunâtres. Un billet l'accompagnait, qui est encore dans mes mains et dont voici la copie exacte :

« Quand vous êtes venu nous arracher à la mort, vous n'avez pas remarqué que ma femme tenait une plante dans ses bras. C'est un petit oranger que lui avait rapporté d'Afrique son frère, soldat, qui a succombé à une maladie contractée au service. Nous vous l'offrons — car c'est ce que nous avons de plus précieux — en reconnaissance de votre conduite secourable et courageuse. »

J'ai pieusement conservé cet arbuste pendant dix ans! Chaque renouveau ajoutait une branchette à sa discrète parure. L'une d'elles supporta une petite sphère verte et rabougrie qui, tombée, parfuma longtemps mon armoire à linge. Enfin une année — dont je ne puis fixer le millésime — mon oranger fleurit généreusement — à tel point qu'il put me fournir assez de pétales pour que, après avoir été desséchées, elles emplissent une exiguë bonbonnière en émail...

Le littoral expédie bien moins d'oranges aujourd'hui qu'aux temps lointains où je passais par ces folies tour à tour agréables ou troublantes. Les produits algériens et espagnols étant plus abondants, plus sucrés, plus gros et meilleur marché que ceux de la côte d'Azur, le commerce leur a donné la préférence. La Provence et la Riviera consomment presque toute leur récolte, alors que la *Valence* et la *Blidah* approvisionnent nos compotiers à desserts et nos voitures à bras. D'ailleurs, les oranges niçoises sont relativement petites et il faut avoir la chance de tomber sur une *double*, provenant d'un arbre exposé au levant, pour déguster un fruit vraiment bon. Mêmes destinées en ce qui concerne les mandarines, excepté, pourtant, celles que l'on obtient à Eze. Leur goût est — s'il faut en croire les indigènes — incontestablement plus fin que celui des mandarines étrangères; mais cette localité exiguë — perchée sur la pointe d'un roc et dont le sol arable, confiné entre le roc et la mer, comporte une culture d'importance dérisoire — cette localité, dis-je, produit juste de quoi satisfaire les gourmets des environs. Des autres cultures, je ne puis rien dire : je sais seulement qu'à Grasse on ne demande aux orangers que leurs fleurs pour en extraire l'eau calmante si justement appréciée.

Les environs de cette localité ne sont occupés que par des entreprises horticoles et des distilleries. Les premières travaillent pour l'alambic des secondes et, de cette collaboration, résultent les extraits innombrables qui vont parfumer les vinaigres, les alcools, les pommades et les cosmétiques du monde où l'on se parfume... Qui le croirait? la chimie moderne, dont le génie néfaste se faufile dans toutes les industries, la chimie est arrivée à contrefaire les parfums et à tromper les nez avec des combinaisons minérales, comme elle trompe les palais avec des pseudo-comestibles...

Mais je m'arrête sur la pente de cette digression pour ramener mes lecteurs aux rives ensoleillées dont la pacifique conquête est, du moins, une consolation dans le cas qui m'occupe.

De Toulon à la frontière italienne s'étend, au pied des Alpes, une couche d'humus dont la tolérance, la fécondité et la générosité sont uniques. Ce terreau joint les propriétés du sol français aux avantages des zones tropicales. Enfoncez-y un bout de bois ou un fragment quelconque de végétal vivant : sans tarder le bout de bois et le fragment projettent des racines en bas et de la verdure en haut! Le phénomène s'affirme avec des boutures des plus lointaines contrées. J'ai, dans mes pages précédentes, insinué déjà que des cannes à sucre, des tubercules océaniens, des fruits du Japon entreraient demain dans l'alimentation et l'industrie niçoises, si un botaniste habile et entêté voulait y consacrer sa peine. On me pourrait objecter que la Provence ignore les fruits et les légumes de la banlieue parisienne. A quoi je répondrai que — si ses primeurs manquent parfois d'une saveur parfaite, et si ses cerises, ses pêches et ses treilles ne valent pas celles de Montmorency, de Montreuil et de Fontainebleau, — ses parterres réjouissent, sous forme d'essences, l'odorat des habitants du globe. Et puis, si déshéritée qu'elle soit sous le rapport des vergers, elle a la figue... Celui qui, en octobre, n'en a pas arraché une, à la branche convulsée qui la porte, pour la manger séance tenante — celui-là ne connaît pas le plus divin régal ! Et la clairette ! — ce raisin dont les grappes sont chargées de grains oblongs qui opposent à la dent une aimable résistance ?

Un exemple concluant pour clore ces considérations botaniques :

Dans le jardin de l'hôtel de la Métropole — le dernier caravansérail construit dans l'éden monte-carliste — se dresse un bananier dont un seul régime a fourni en 1893 vingt-deux bananes aussi sucrées et parfumées que celles de la Martinique. Sur le rocher de Monaco, dans le parc du château, a poussé un cocotier présentement aussi haut que ceux des tropiques, il a fleuri, et sans un incident regrettable, il eût donné des noix... Cette générosité tropicale permet de supposer que la principauté n'est point flattée par ceux qui la traitent de paradis. Quand on songe à toutes les séductions matérielles et poétiques de ce coin du monde, aux ravissements de toutes sortes que procure la *season* avec son afflux de riches seigneurs, de jolies femmes et de joueurs qui, endormis pauvres, se réveillent millionnaires vingt-quatre heures plus tard, on se demande si la Providence n'a point eu de secrets desseins en accumulant toutes les joies sur ces deux promontoires, États lilliputiens du meilleur et du plus savant des princes régnants?

Quels sont ces desseins?

Je ne saurais les révéler... En tout cas, Dieu n'a pas fait Monaco pour me donner l'occasion de publier ce livre... Je n'ose imaginer que le ciel soit le complice d'une œuvre aussi médiocre!

P. S. — Je dis cela mais je n'en pense pas un mot.

CHAPITRE XXII

Vintimille. Ospedaletti.

Je me demande pourquoi les voyageurs sont toujours obligés d'attendre une heure dans cette gare frontière pour prendre les trains d'Italie — et réciproquement. On ne sait que faire pendant ces soixante mortelles minutes, et quand on a fait un tour par la ville (où règne un mépris complet du balayage), on n'a d'autre ressource que de prendre, avec les cochers obséquieux, sa première leçon d'italien... et de marchandage. Car ces conducteurs de landaus antédiluviens et de victorias délabrées, vous font, pour une simple promenade d'un quart d'heure, des prix à forcer M. de Rothschild d'aller à pied.

On m'avait prévenu que l'étranger est pour les automédons de Vintimille une proie dont ils exploitent volontiers la candeur. D'autre part, un monsieur d'allure correcte m'avait presque attendri, au buffet de cette gare mortelle, en me présentant le dénûment de l'Italie qui s'est trouvée, du jour au lendemain, « grande nation et sans argent ». C'est égal ! M. le maire de Vintimille devrait démontrer à ses cochers qu'ils risquent, en effarouchant le touriste, de lui faire rebrousser chemin... et alors, adieu ses espèces trébuchantes !

Ce n'est certes point ma cause que je plaide en cet avertissement au premier magistrat municipal de cette peu intéressante cité. Car je suis loin d'être avare... Et je ne sais si je dois compter mon habituelle prodigalité au nombre de mes qualités ou de mes défauts. Je penche vers la première classification, en ce sens que je suis invariablement l'unique victime de mon dédain pour l'économie et que les pauvres profitent particulièrement de mon mépris à l'égard du calcul. Quant à ceux qui ont exploité mon insouciance du lendemain et recueilli avec âpreté, au lieu de m'avertir charitablement, les espèces monnayées qui tombaient si facilement de mes mains, je les renvoie au tribunal de leur conscience. J'aime à m'imaginer qu'il les condamnera au maximum des remords et à un juste retour des gênes d'ici-bas !

Ce plaidoyer n'a point pour dessein de m'octroyer une couronne de bienfaiteur de l'humanité, mais d'expliquer pourquoi — sans être plus bête qu'un autre — je me suis laissé plumer par le voiturier auquel j'ai demandé de me conduire à San-Remo. Et, avant de passer outre, je confesse que je ne regrette pas d'avoir été victime du tarif extravagant qu'il a plu à mon convoyeur de m'appliquer. La route est si belle que — pour un peu — j'ajouterais de l'argent à la quantité fantaisiste de *lires* qui sont passées de ma bourse dans sa poche...

Ospedaletti m'a plongé dans une succession d'extases dont je suis à peine remis. L'admiration poussée à l'état aigu et contenu engendre aussi des inconvénients : une fatigue délicieuse, une saoulerie divine, une adorable courbature cérébrale, quelque chose comme un lumbago qui ferait crier sa victime de plaisir — et non de douleur ! Quel climat ! Quelle paix ! Quel ensoleillement ! Et quelle joies diverses, ô Seigneur ! Toutes les facultés sont de la fête. Le regard se complait non seulement à la vue du panorama qui embrasse, entre ses deux courbes harmonieuses, une baie féerique — mais encore dans l'aspect de cet imposant Palais-Casino qui étale ses bâtisses princières au bas d'une montagne de fleurs et dont l'immense perron est précédé d'un jardin qui rivalise avec les terrasses de Monte-Carlo. En ce point, la végétation semble se rire des écarts thermométriques les plus fous... Alors qu'il advient qu'à deux lieues la neige fait disparaître sous son manteau les violettes et les jasmins, les parterres indemnes et verdoyants sans relâches, exhibent leurs buissons de roses. Les espèces les plus rares, telles que le *Maréchal Niel* et le *Paul Neyron*, y foisonnent avec une aisance qui frise l'aplomb. Cette population de corolles odorantes, ces légions de plantes à fleurs étranges, ces bosquets formés par des essences rares, toute cette flore luxuriante a l'air de vous dire dans un accès d'insolente vanité : « Les serres vitrées? les paillassons protecteurs? connaissons pas!... allez chercher ça ailleurs. » Que dirais-je des palmiers phénix dont les gerbes colossales jaillissent du gazon, pareils à un colossal bouquet de verdure et dont un seul abriterait, sous ses palmes, un corps d'armée au grand complet!

Un vieillard indigène m'a démontré qu'en nul point de la côte le baromètre et l'hygromètre ont moins d'ouvrage (sic). C'est le beau temps et la sécheresse à l'état fixe. Quant à la gelée, elle est si peu connue qu'on en parle comme d'un accident à peine possible ou d'une catastrophe improbable.

Je ne me charge pas d'expliquer pourquoi il reste encore des terrains à acheter sur cette rive exceptionnelle, avoisinée de buts d'excursions enchanteresses et où il semble que la vie matérielle voie tous ses désirs prévus et satisfaits avant d'être exprimés. Il n'est pas jusqu'au poisson, surabondant, en cette baie, qui n'ait une saveur à part! Quant aux primeurs, elles n'attendent pour ainsi dire pas qu'on les sollicite d'un sol à la générosité duquel je puis appliquer l'hymne complimenteur que j'adresse, au commencement de ce chapitre, à mon excessive prodigalité.

Et maintenant souvenez-vous de cette simple déclaration.

Avant la fin de ce siècle bizarre, où l'homme a tardivement montré qu'il sait mettre son intelligence au service de ses appétits de saines jouissances — où il s'est enfin avisé qu'il est bien sot de manger ses revenus dans des contrées froides et déparées, alors qu'il existe un point du globe où règnent, sans abdiquer jamais, le soleil, les fleurs, les primeurs et les fruits — avant la fin de ce siècle, dis-je, Ospedaletti aura pris une extension telle que Vintimiglia et San-Remo seront devenus ses faubourgs. Est-ce tout? Non. Tous les sanatoriums connus seront oubliés, ou tout au moins rangés parmi les moins efficaces, puisque le malade est assuré de trouver, en cette oasis, tout ce qui met en déroute les affections internes et externes, si graves qu'elles soient. On ira faire une provision de vie et de santé à Ospedaletti comme on court chez le dispensateur d'une panacée unique... Et la vogue de cette station sans rivale s'accentuera à un tel point que les pays d'alentour en profiteront — à dix lieues à la ronde. Nous verrons alors les Italiens gallophobes et les Français italianophages s'embrasser en un accord provoqué par la commune satisfaction de leurs intérêts particuliers. Et la sympathie, gagnant du terrain, s'étendra pour gagner Rome d'un côté et Paris de l'autre ! Et cette fois, la Nature aura clairement prouvé à la Diplomatie que, quand elle s'en mêle, son action est plus efficace que celle des ambassadeurs les plus habiles !

CHAPITRE XXIII

Gênes [1].

Ville superbe, pittoresque, pleine de palais intéressants, mais un froid polaire et un vent abominable qu'on appelle *tramontana*, probablement parce qu'il vient à travers la montagne... Ne voulant pas subir la destinée de Gastibelza, je m'enferme dans ma chambre d'hôtel où il y a une fausse cheminée — une cheminée peinte !... Pendant que l'artiste y était, il aurait dû peindre aussi des flammes sur sa toile. Comme on excelle dans les trompe-l'œil en cette contrée, les gens d'imagination auraient cru se réchauffer les pieds à ce pseudo-foyer.

1. Ces lignes ont été écrites à une époque antérieure à la notation de celles qui précèdent. Elles rappellent une pointe rapide que j'ai poussée, en Italie, l'année d'avant. Ceci soit posé pour m'éviter le reproche d'anachronismes forcés. (A. M.)

Je me suis plaint de la bise glacée et de l'absence des poêles.

— Oui, m'a dit le directeur de l'hôtel, oui, monsieur, on grelotte, mais on ne fait jamais de feu ici… ce serait compromettre notre réputation de pays sans hiver.

Déjeuné, près du port, dans une osteria d'apparence chétive. J'y mange avec délices de la *bianchetta*. Ce sont — roulés dans une pâte et frits avec un rare talent — des poissons si petits qu'ils sont presque encore à l'état de frai et agglutinés par un mucilage aromatisé qui ajoute à leur saveur. Ne m'occupant que de littérature, je suis incompétent pour proclamer l'Italie « grande » au point de vue politique, mais pour la friture, je déclare qu'elle peut rendre des points à toutes les nations du globe… On m'a dit que son huile est le secret de cette supériorité culinaire : la plupart des bons cuisiniers français usent d'huile d'olive fine et pure — et pourtant ils nous servent généralement des choses grasses et rances. *È viva la fritura di Genova!*

. . . .

Le port de Gênes rappelle, au golfe près, le port de Naples.

Quel tapage! Quelle animation! On en sort la tête rompue et les oreilles bourdonnantes. Et l'on y avance avec une peine! Le visiteur n'y est rien. La marchandise y est tout. Pour parcourir 15 mètres, j'ai escaladé cent tas de denrées diverses — arrivées, le matin même, de tous les points du globe... Après avoir louvoyé au travers de barils d'anchois, de fûts de Chypre et de couffes de figues, mon pied a glissé sur un fromage de Hollande auquel je dois un tour de reins. Je n'aimais guère ce fromage-là. La farce qu'il m'a jouée n'est pas pour nous réconcilier.

. . . .

Ce que je ne puis comprendre, en ce pays magnifique où l'on naît un peu poète et où le sentiment artistique semble naturel, c'est la manie de faire sécher le linge en plein air, aux points les plus élégants et les mieux fréquentés... Dans les villas, aux fenêtres des palais comme à celles des masures, les draps, les chemises et les torchons s'agitent avec une impudence choquante..

Je ne puis admettre, pourtant, que de vieilles bâtisses séculaires — qui furent jadis la demeure de très hauts et très puissants personnages — servent présentement de logis aux blanchisseuses italiennes... Je n'ignore pas que le vent et le soleil constituent une invite à préparer la toile et le madapolam au repassage. Mais, *per Baccho !* ce vent et ce soleil règnent dans les faubourgs et dans les campagnes... Si j'étais roi de cette péninsule, on ne laverait pas un mouchoir de poche dans les cités sous peine de confiscation. La routine déterminerait peut-être la disparition totale des mouchoirs, et mon peuple, plutôt que de céder, se moucherait peut-être dans ses doigts... Mais à la longue il viendrait à résipiscence. Et l'étranger admirerait les « piazzas » et les « vias » — sans que son regard soit offusqué par des loques flottantes que leur blancheur empêche de rester inaperçues.

CHAPITRE XXIV

Rome, 21 mars 189...

Je suis arrivé de grand matin, de sorte que je n'avais pas été préparé aux spectacles qui m'attendaient, par les ruines dont on me dit que les environs de la Ville Éternelle sont hérissés... Ah! comme il m'est désagréable que tant d'écrivains — et des plus illustres — aient écrit leurs impressions sur cette capitale étonnante! En parler après eux, c'est vouloir redire mal et platement ce qu'ils ont déjà raconté en un style à la fois correct et lyrique. Il faudrait, tout au moins, exprimer des sensations nouvelles, émettre des réflexions inédites, tirer des déductions imprévues, ajouter des aperçus philosophiques, ethnographiques ou scientifiques à ceux qui, sous des signatures accréditées, emplissent cent volumes fameux !

Le silence qui m'est imposé m'est d'autant plus pénible que, féru d'antiquité et plein d'une admiration qui touche au fétichisme pour les Romains du siècle d'Auguste, j'éprouve comme un impérieux besoin de déverser sur le papier les réflexions dont mon cerveau bouillonne au point d'éclater. Je ressens une insurmontable envie de crier mes extases et mes enthousiasmes : j'ai, au fond de moi, conscience que si je cède à ce prurit d'expansion et à cette démangeaison de confidences, je répéterai piteusement des phrases cent fois imprimées.

. . . .

Dans la cour de la gare, après avoir remis mon bulletin de bagages à un faquin (le mot n'a pas ici l'acception injurieuse que lui assigne la langue française; le faquin — de ce côté des Alpes — est un facteur, un commissionnaire porteur de colis), je saute dans un fiacre et je me fais conduire au Colisée... Je constate que si Vespasien bâtissait certains petits édifices où un seul individu s'introduit dans le but que vous savez, il élevait aussi des amphithéâtres assez vastes pour contenir un peuple entier !

Je suis harcelé, dans ma contemplation de ce cirque incomparable, par des guides irritants... Ils me font l'effet de ces bavards qui, à table, vous arrêtent le bras au moment où vous allez goûter d'un plat exquis... et cela pour vous dire une niaiserie. Afin d'échapper aux offres de service de ces fâcheux, je grimpe aux plus hauts gradins et je regarde.

A mes côtés vient s'asseoir un homme jeune encore. En passant devant moi, il murmure un « pardon monsieur ! » qui me désigne un compatriote. La conversation s'engage, les réflexions s'échangent et je suis frappé de l'érudition spéciale de cet inconnu, dont la mise n'atteste pas un millionnaire. Je subodore en lui un lettré venu, au prix de grands sacrifices, pour évoquer, dans leur décor réel, ses souvenances classiques, revivre avec César dont il me désigne la loge d'un index assuré, et condamner — par la pensée — le gladiateur terrassé en tournant le pouce, soutenu par le geste identique des vestales dont il me montre le couloir particulier. Il est bien jeune pour être un vieil universitaire... C'est peut-être un pion de quelque institution où l'on enseigne le français aux petits Romains de bonne famille.

Voyez mon flair : j'ai affaire à un photographe parisien qui a eu des malheurs et s'est improvisé guide. Mais en garçon avisé, il a d'abord pioché ses auteurs et il les sait à miracle... Il vous raconte, en français ou en italien, une naumachie, un combat de fauves, un massacre de martyrs ; tout cela en un style bref et clair qui défie toute suspicion. Devant son assurance, le touriste ne s'arrête pas une seconde à l'idée d'une blague ou d'une exagération. Et il a des indignations sincères quand il vous énumère les papes *antiquoclastes* qui arrachaient ses colonnes et ses revêtements de marbres et de bronzes à cet amphithéâtre sans pareil pour en orner des églises et des fontaines !

Il faut dire aussi que je lui ai énoncé mon nom et ma qualité et que je l'ai prié de ne point me servir les boniments réservés aux crédules Anglais. Il m'a traité en artiste et je ne regrette pas de me l'être attaché pendant la durée de mon séjour. O vous qui me lisez — si vous voulez bien voir et bien connaître Rome ancienne et moderne, assurez-vous d'Antoine Taberlet, via del Boschetto, 144.

Mais vit-il encore ?

CHAPITRE XXV

Rome.

Aujourd'hui, trois visites au forum !
La première pour voir.
La deuxième pour revoir.
La troisième pour revoir encore.

Les mots me manquent pour expliquer le magnétisme singulier qui vous attire et vous retient devant ce trou obstrué de vieilles pierres. On en est stupéfié. Que dis-je ? on en est stupide... Et lorsqu'on le quitte, on se retourne, comme si une voix vous criait : « Regarde, regarde encore... » Et à cette heure tardive où je prends ces notes (il est minuit), j'ai des envies folles de substituer des bottines à mes pantoufles pour y retourner. La lune anime peut-être ces épaves qui semblent fières d'avoir triomphé des siècles, et élèvent la décrépitude jusqu'à la majesté. A la clarté de l'astre des nuits, je distinguerai peut-être les fantômes de ceux qui peuplaient jadis ces temples, passaient sous les arches triomphales et montaient aux rostres... Cicéron me fera peut-être la galanterie d'apparaître et répétera — pour moi seul — une de ses meilleures harangues.

Après avoir longuement considéré l'ensemble du quai qui domine le Forum, le guide Taberlet m'a fait descendre avec lui et m'a positivement joué, sur place, la mort de César. J'ai suivi pas à pas le dictateur depuis sa sortie du Sénat jusqu'à la dalle où son corps poignardé s'est affaissé, jusqu'au bûcher dont la flamme a transformé en cendres celui qui fut le Napoléon de l'antiquité. Et puis nous avons escaladé les pentes du Palatin et ç'a été de nouveaux récits et des itinéraires célèbres de tyrans allant au Capitole par des souterrains connus d'eux seuls. En ce qui concerne les Vestales, j'ai une espèce d'idée qu'elles entretenaient la flamme des empereurs en même

temps que « l'autre » et qu'elles étaient chastes...
par ordre supérieur... intermittent. Oui! Leurs
vœux me sont suspects : rien ne m'ôtera de la
pensée qu'ils avaient, vis-à-vis du profane, le
rôle des pancartes sur lesquelles on lit « ne touchez pas », ou encore des étiquettes collées aux
dossiers des fauteuils d'orchestre loués d'avance.

. . . .

Le Panthéon est l'édifice le mieux conservé
parce qu'il a passé sans transition du culte païen
au culte catholique; j'admire que l'on n'ait point
bouché d'un vitrage l'énorme trou béant de la
coupole. C'est un louable respect de l'ordonnance antique... Quoi qu'il en soit, le chrétien
d'aujourd'hui obligé d'entendre la messe avec un
parapluie, a plus de mérite que le Romain d'autrefois, puisque l'absence totale de pluie permettait à ce dernier d'adorer — à sec — ses
dieux et ses déesses.

Non loin du monument se trouve la Rosette.
Il ne s'agit plus cette fois d'antiquité, mais d'un
restaurant tout à fait moderne et d'ordre intermédiaire — une osteria bourgeoise à égale dis-

tance du bouillon vulgaire et du cabaret à hauts prix. Il offre cet avantage de meubler l'esprit en même temps qu'il garnit l'estomac. Car on y apprend la vraie cuisine italienne. Mes détracteurs m'accusent de consacrer toujours une partie de mes causeries à la « boustifaille ». Quoi qu'ils en disent, je ne pense pas être dans le faux en cédant à cette manie, car je tiens pour très édifiant de savoir non seulement comment un peuple vit et pense, mais aussi comment il mange. Et puis, je pense à mes lectrices dont j'accrois les connaissances… Ainsi, je gage qu'elles ignorent les agréments d'une friture mélangée de fragments de cervelle et de fonds d'artichauts enduits de pâte… Et le macaroni ?… J'en pourrais écrire long à son sujet. Je lui consacrerai un jour peut-être une monographie complète qui sera le dernier mot du genre… filandreux ! Auparavant, il faut que je sache s'il était déjà connu du temps de Néron… Mon guide l'ignore et il ne figure pas parmi les comestibles retrouvés à Pompéi. Mais on m'assure que le conservateur du musée de Naples a des données certaines… Comme je dois aller à Naples…

CHAPITRE XXVI

Sur Naples
(village de Samoreau, S. et M.).

Après un assez long séjour en Italie, me voilà revenu au bercail. Et quand je dis bercail, j'emploie l'expression juste, puisque je transcris ces notes dans la ferme de mon ami Badet. Un mur sépare la pièce où j'écris de la grange où l'on a établi le domicile des moutons, en attendant la réfection des bâtiments réservés aux bestiaux. Par la porte entr'ouverte, soufflent des effluves printaniers dont se réjouit ma narine sevrée depuis longtemps de senteurs natales. Le bêlement des brebis qui répond au grêle gémissement des agneaux, le gazouillement des oiseaux qui saluent le renouveau et le bavardage des poules qui s'ébrouent sur le fumier de la grand'cour, caressent mon oreille encore accablée du bruit des wagons... Il m'est vraiment agréable de ne plus m'entendre réclamer mon billet par le contrôleur des trains et de ne plus rouler de gare en gare et d'hôtel en hôtel ! L'idée d'avaler des œufs frais et du laitage authentique émoustille mon estomac écœuré par les victuailles de table d'hôte. Bref, si les voyages à l'étranger satisfont la curiosité et provoquent des impressions inédites, on ressent un plaisir véritable à se retrouver sur le sol natal, après tant de fatigues subies et de kilomètres dévorés !

Ma satisfaction est d'autant plus sincère que j'ai quitté Naples dans des conditions particulières. Des fièvres y sévissaient qui causaient de sérieux ravages, à la suite d'un hiver auquel ne sont point accoutumés les indigènes de Santa-Lucia. Ajoutez que les bouleversements de terrains, causés par les embellissements et l'extension de cette inoubliable cité, ont amené à la surface du sol des miasmes typhiques... et vous vous expliquerez pourquoi j'ai croisé dans mes promenades autant de fiacres que de corbillards. Or, je ne me souciais nullement, par mon propre trépas, d'allonger d'un y la phrase fameuse : « voir Naples et mourir », c'est-à-dire de m'éteindre, loin de mes lares, en soupirant : « voir Naples et y mourir ». Aussi n'est-ce point à regret que j'ai bouclé ma valise et regagné la France — cette France qui, en dépit de ses vicissitudes et de ses agitations politiques — est et restera la nation-reine, la nation aimable, incomparable et chère au cœur.

Lorsque le convoi qui me devait déposer à la frontière s'est mis en marche, j'ai éprouvé comme un sentiment de délivrance, et quand j'ai perdu de vue le Vésuve (qui, durant mon séjour, n'a même pas eu la galanterie de m'exhiber une petite coulée de lave), j'ai songé avec joie que j'allais bientôt revoir Montmartre — qui — lui aussi, fut un volcan. Un de mes compagnons de voyage, médecin fraîchement diplômé, ne pouvait pardonner son calme au cratère napolitain et blaguait le mince filet de fumée qui sortait, paresseusement et comme à regret, de son cône... Il affirmait qu'il en ferait autant avec une cigarette. Et puis, emporté par des réflexions professionnelles :

— Après tout, s'écriait-il, il est tout naturel que les choses soient ainsi. Comment soigne-t-on les éruptions? Avec du soufre, n'est-ce pas? Eh bien, à la longue, celles du mont terrible ont été vaincues par le soufre qu'il recèle en son sein — ainsi que le prouvent les émanations dont nos paupières ont larmoyé pendant deux jours, lorsque nous sommes montés à son faîte.

Notre retour dans la mère-patrie s'est effectué dans les meilleures conditions désirables — grâce à l'amabilité d'un condisciple que je rencontrai à Naples, en pleine rue de Tolède.

— Voilà, me dit mon cocher, M. Kossuth, le sous-directeur des chemins de fer de la Péninsule.

— Kossuth, m'écriai-je, le fils du célèbre agitateur hongrois?

— Si, signor.

— Arrêtez.

Et me voilà courant après Kossuth... C'est bien

mon ancien camarade de chez Barbès. Il ne me reconnait pas, mais ma mémoire plus fidèle me permet de retrouver ses traits sous le hâle du Midi... et des ans. Et je compare le visage de jeune fille timide qui lui attirait autrefois nos plaisanteries au faciès énergique et mâle qui trahit aujourd'hui la persévérance, le courage et la volonté.

La haute situation qu'il occupe n'a point altéré sa gentillesse d'autrefois. Grâce à elle, nous avons été, moi et mes amis, voiturés jusqu'à la frontière dans des conditions particulièrement confortables. C'est pourquoi le touriste qui signe ces lignes lui envoie l'expression de sa gratitude... et surtout les remerciements de ses reins, que les longs trajets incommodément effectués mettent à mal.

CHAPITRE XXVII

L'ART DE SE RENDRE DANS LE MIDI

J'estime qu'on ne saurait donner de meilleur épilogue, à ce livre, que la façon la plus pratique et la plus confortable de gagner les contrées dont presque toutes ses pages soulignent les séductions.

Durant une excursion que je fis, jadis, à pied, dans le Tyrol, je rencontrai, au détour d'un chemin, un paysan qui se mit à me vanter, en un langage dithyrambique, la beauté de plusieurs sites du voisinage. Tandis qu'il parlait, j'avais roulé une cigarette et je me préparais (après l'avoir allumée) à lui demander les routes à prendre pour parvenir à ces endroits merveilleux quand je m'aperçus que le rustre m'avait brûlé la politesse. Était-ce, de sa part, un tour malicieux ou une preuve de bêtise ? je l'ignore. Quoi qu'il en soit je n'imiterai pas cet indigène malappris. Ce procédé serait d'ailleurs inqualifiable à l'égard des personnes que la lecture de mon volume poussera vers les rives méditerranéennes. Et puis je sais par expérience les affres intimes subies par tout individu casanier, qu'une résolution soudaine détermine à quitter son foyer... La pensée du long trajet à effectuer avant d'arriver à destination, les ennuis inhérents à tout déplacement le préoccupent et l'énervent. Le rêve serait de s'endormir chez soi, au bruit habituel des lourds omnibus, et de se réveiller paisiblement à l'ombre des palmiers et des orangers sur la « Côte d'Azur » ! Ce rêve que cette fin de siècle n'a pu encore réaliser, malgré toutes les découvertes de la science, la Compagnie P.-L.-M. le fait entrevoir, grâce aux facilités de transport offertes aux voyageurs et aux améliorations de toutes sortes apportées dans ses services.

Veut-on, par exemple, s'affranchir de la recherche d'un véhicule pour le transport de sa personne et de ses bagages et ne pas être à la merci de cochers plus ou moins complaisants ? il suffit de confier ce souci, par lettre, douze heures à l'avance, au chef de la gare Paris-Lyon. En effet la compagnie met à la disposition des voyageurs de confortables coupés et omnibus de famille, soit pour les prendre à domicile et les amener à la gare de Paris-Lyon, soit pour les conduire à domicile à leur arrivée à Paris, et ceci pour un prix peu élevé.

Le voyageur aime-t-il ses aises, il peut arriver de bonne heure et faire un excellent repas au buffet, sans avoir à se hâter et à craindre de manquer son train. Il n'a qu'à choisir son coin, une fois le train formé, sans même songer à ses billets, s'il a eu la précaution de les faire prendre dans un des différents bureaux de ville de la Compagnie ou dans les agences spéciales. Du reste les étrangers descendus dans les grands hôtels parisiens comme le « Grand Hôtel », le « Continental », l' « Hôtel Terminus de la gare Saint-Lazare », etc., etc., peuvent s'y procurer leurs billets délivrés au même prix qu'aux guichets de la gare.

Un mot sur les *Trains de luxe*.

La Compagnie, dans le but de rendre la durée du voyage la plus courte et la moins fatigante possible, a organisé des trains dont le confort et la rapidité ne laissent absolument rien à désirer. Deux fois par semaine, le mardi et le samedi, elle met en marche le train dit *Méditerranée* (départ de Paris à 5 h. 30 soir, arrivée à Nice le lendemain matin à 11 heures). Par ce train on passe à Lyon à 1 h. 24 matin, à Marseille à 6 h. 44, à Toulon à 8 heures, à Cannes à 10 h. 19. Ce convoi est composé de voitures de la Compagnie internationale des Vagons-Lits (*Sleeping-Cars* et *Dining-Cars*). Chacune des places de ces voitures est à la disposition du public moyennant le prix d'une place de 1re classe et d'un supplément modique calculé d'après le nombre de kilomètres du parcours à effectuer.

Ce train, de création récente, est particulièrement commode pour les personnes qui ont des affaires à traiter à Marseille. L'heure de l'arrivée, 6 h. 44 du matin, permet de consacrer la journée entière à ses occupations et de repartir le soir même.

Signalons l'*Hôtel Terminus* aux voyageurs qui désirent s'arrêter à Marseille. La Compagnie P.-L.-M. a ouvert, dans l'enceinte même de la gare, un « Terminus Hôtel » réunissant tout le confortable que l'on peut désirer et qui ne laisse rien à envier à cet égard aux établissements similaires des principales villes d'Angleterre.

Cet hôtel, dans lequel on pénètre — directement et à l'abri — de la gare même, est surtout apprécié des touristes de passage qui n'ont qu'un très court séjour à faire et qui désirent ne pas descendre en ville avec leurs bagages ; ceux-ci sont transportés directement des fourgons dans les chambres par les hommes d'équipe.

La Compagnie, en dehors du *Méditerranée*, met en marche, une fois par semaine — le mercredi, au départ de Nice, et le mardi, au départ de Vintimille — le *Nice-Vienne* pour assurer les relations entre le littoral de la Méditerranée, l'Italie et l'Autriche. Egalement une fois par semaine, le samedi, le *Péninsulaire* entre Calais et Brindisi (*Villeneuve*, *Triage*, *Modane*) pour assurer le transport des voyageurs en provenance des lignes

18.

du Nord et de l'Angleterre et à destination de l'extrême Orient.

Les trains dits *Méditerranée* et *Péninsulaire* se trouvent reliés par des trains de jonction avec les lignes du Nord, soit par la Petite, soit par la Grande-Ceinture. Il me faut, pour compléter ces notes, parler des *Trains rapides*. Les voyageurs qui disposent d'un budget modeste, ou qui, désirant faire le voyage par étapes, ont, grâce à eux, des trajets moins longs à effectuer. Ensuite, ils peuvent choisir l'un des trains rapides ou express qui partent de la gare de Paris, soit dans la matinée, soit dans l'après-midi, soit dans la soirée, suivant l'heure où ils désirent arriver à destination. Certains de ces trains ne comprennent pas tous un vagon-restaurant; pour ce cas, l'indicateur fixe des arrêts dans les buffets des gares importantes, en sorte que les voyageurs ne risquent point d'atteindre leur but, les entrailles tenaillées par un jeûne qui nuit singulièrement aux charmes d'une route pittoresque.

Si la place ne m'était mesurée, je n'aurais pas manqué de noter ici les côtés intéressants des cités situées sur le réseau, de telle sorte que le *traveller* économise la dépense d'un guide et sache se diriger dans les villes fécondes en souvenirs de toutes sortes; mais je me propose de réunir dans un autre volume des notes prises sur les lieux et présentées de façon à édifier le touriste sur les côtés économiques et les aperçus pittoresques des stations où sa curiosité lui suggérera de s'arrêter.

CHAPITRE XXVIII

Dans cette collection de notes — dont on a pu constater, à chaque page, le style et l'allure sans ambitions d'aucunes sortes — j'avais l'intention arrêtée de limiter, aux rivages méridionaux français, les éloges que méritent la température et la flore qu'on y trouve en hiver. Mais quitte-t-on la France quand on met le pied en Algérie et en Tunisie ? Ne foule-t-on pas un sol devenu national par la conquête et le protectorat ?

Lorsqu'on pense à la rapidité des moyens de transport et aux aises qui attendent les touristes sur les admirables bateaux de la Compagnie Transatlantique, on est obligé de reconnaitre que la traversée devient un agrément de plus. Cette navigation, accomplie en si peu de temps et à bord de steam-boats d'un confortable luxueux, succède agréablement à la monotonie du trajet de Paris à Marseille. Le balancement, presque toujours insensible, des navires de M. Pereire devient un charme après les trépidations de l'express et berce la rêverie du voyageur qui, par avance, s'égare dans les oasis de nos deux plus séduisantes colonies!

Les guides et les livres spéciaux racontent, trop fidèlement et trop minutieusement, la stupeur d'admiration — qui cloue, au tillac, le passager arrivé en vue de la côte algérienne, — pour que j'essaye, après eux, de décrire ses aspects à la fois riants et majestueux... Mais ce qu'aucun volume, ce qu'aucune brochure ne signale avec insistance, ce sont les résultats atteints par la Compagnie Transatlantique dans la construction de ses steamers et les perfectionnements de l'outillage qui éveille toute sa sollicitude... C'est le bien-être étendu jusqu'au raffinement. C'est la sécurité poussée jusqu'à l'absolu! Il faut avoir gagné la rive africaine à bord du *Chanzy*, de la *Ville-de-Tunis* ou de la *Ville-d'Alger* pour reconnaître qu'il n'y a aucune exagération dans l'hommage rendu ici au plus sûr et au plus élégant des matériels spéciaux… J'ai, de mes oreilles, entendu des voyageurs s'écrier : déjà ! quand le commandant leur annonçait l'entrée au port. L'histoire de l'Anglais réclamant la faveur de ne point quitter le bateau et de rester dans son osteria flottante plutôt que de s'aller installer dans les meilleures auberges algériennes n'est nullement controuvée. Je sais des joueurs qui réclamèrent un jour, avec instance, la faveur de finir, sans descendre à terre, une partie de bézigue en cinq cent mille points liés !…

Ce que j'admire le plus dans les paquebots transatlantiques, c'est, justement, leur résistance à la houle si rarement apaisée dans le golfe du Lion. Je vous laisse à penser ce que devient la traversée de Marseille à Tunis ou à Alger lorsque la mer et les cieux sont en paix. C'est pour le coup que les estomacs, contents d'eux-mêmes et… des autres, font honneur aux menus princiers de la table du bord… Ah ! ce n'est point à ces convives qu'il faut murmurer, entre deux plats, la phrase d'un goût douteux qui me fut adressée, dans la Manche, par un voisin émerveillé de mon appétit :

— Vous préparez un joli régal aux poissons!

Si prosaïques que paraissent les considérations de logement et de cuisine, j'estime qu'elles ont, dans les voyages sur mer, une importance trop capitale pour que je les passe sous silence. Le voyageur, placé entre l'eau et les nuages, devient un être uniquement soucieux de ses satisfactions matérielles. Il remet ses impressions morales et sentimentales à l'instant où il prendra pied sur le plancher des vaches. Aussi, ne m'en voudra-t-on pas d'adresser des actions de grâce à la Compagnie Transatlantique, au nom de ceux qu'elle conduit à leur destination. Oui, je le déclare : c'est, gâtée par un régime de millionnaire, qu'elle dépose en Afrique une clientèle qui s'accroît tous les jours de par une loi bien simple... Les *glob-trotters*, qui usent des entreprises concurrentes, ne sont pas longs à reconnaître, par comparaison, la supériorité de vitesse et l'incomparable aménagement des navires de la Compagnie.

Aussi advient-il souvent que Marseille devient le séjour forcé de ceux qui ne prennent pas leurs précautions et se figurent qu'il n'y a qu'à se présenter au guichet pour avoir leur ticket de parcours. Cet encombrement et cet afflux n'ont, d'ailleurs, aucun inconvénient. Que le bateau soit ou ne soit pas chargé au complet, chacun demeure l'objet des mêmes égards. S'il y a foule, le passager n'en est distrait que mieux. Car, dans le nombre de ses compagnons de route, il est très rare qu'il ne s'abouche pas avec des artistes ou des fonctionnaires. Des derniers, il reçoit des enseignements et des renseignements dont il profitera. Quant aux premiers, ils organisent presque toujours des concerts ou des spectacles qui tiennent, parfois jusqu'à l'aurore, les voyageurs charmés par leur belle humeur. La présence de jeunes miss et de *travellers* friands de valses et de « bostons », détermine des bals qui succèdent aux représentations dramatiques. Et c'est merveille de toucher au but sans avoir, une minute, songé à compter les heures, sans avoir une seule fois agacé le capitaine avec l'interrogation si fréquente en pareille occurrence : « Quand arriverons-nous ? »

Si la discrétion ne me faisait une loi de ne citer aucun nom, je signalerais, à l'attention des gourmets de théâtre, certain magistrat et certaine dame d'Alger qui, un soir, nous jouèrent un proverbe avec une maestria dont la Comédie-Française seule a le monopole; j'écrirais aussi, en toutes lettres, le nom des virtuoses et des cantatrices « amateurs » dont le concours nous fut si agréable un après-midi de fête au profit d'une infortune. Et puisque mes souvenirs m'ont conduit sur le terrain de la charité, j'ajouterai qu'il est bien rare qu'on ne songe pas au malheur durant les liesses de ces excursions maritimes. Presque toujours, une bonne œuvre est l'instigatrice de mélodies et de déclamations gaies ou lyriques. Et, généralement, les sommes recueillies dans ces soirées-gala atteignent une importance qui constitue un secours sérieux. Une fois, j'ai encaissé — en qualité de commissaire-ordonnateur — une liasse de billets de banque qui a mis, pour sa vie entière, à l'abri du besoin, le malheureux dont j'avais entrepris de soulager la détresse. En ces conjonctures, la récompense des pieuses actions est assurée. J'entends que le touriste est payé en belle nature de ses débours. Et lorsque, vue des hauteurs de Mustapha, la rade d'Alger fait monter à ses yeux des larmes d'émotion, ou lorsque son cœur exulte au cours des ravissements de son séjour en Tunisie, il doit se dire que ces paysages pittoresquement splendides et ses observations ethnographiques — toutes d'un intérêt capital — représentent largement les intérêts de la pièce d'or donnée à la jolie femme chargée de quêter dans le grand salon du navire.

Comme Nice ou Monaco, l'Algérie et la Tunisie remettent en leur état normal les bronches maladives et les poumons compromis. La guérison y est même plus fréquente peut-être, à cause des variations atmosphériques qui ne s'y présentent presque jamais. Les timorés qui se méfient des perfidies de Thétis demeurent sur le continent — ce qui explique l'assaut des hôtels provençaux pendant la saison. Et, cependant, après ce que je viens d'exposer en toute franchise, la traversée n'est, maintenant, qu'un simple supplément d'heures imposé à la réalisation d'une cure heureuse et d'un hivernage agréable.

Tel un millionnaire fastueux énumère, et présente volontiers, les admirables chevaux qui piaffent dans ses écuries; telle la Compagnie transatlantique raconte, avec un amour-propre légitime, qu'elle affecte jusqu'à vingt-cinq de ses plus solides bâtiments au service de la Méditerranée... Mon rapprochement est juste à la condition d'envisager les « pur-sang » et les paquebots comme des moyens de parcours rapides... mais mon image tombe dans le domaine de l'exagéré et de l'inexact lorsque l'on compare les prix de revient de ces deux éléments de traction accélérée. Le moindre steamer coûte des millions alors que le plus cher « carrossier » vaut mille louis! Songez au capital que représente une flotte pareille; calculez son tonnage (au risque d'y gagner une migraine) avec, pour base, le tonnage du *Général Chanzy* qui monte à 2,300 tonnes et possède une force de 3,800 chevaux-vapeur !

En présence de chiffres aussi importants, elle est, certes, excusable la coquetterie d'une Entreprise qui, dès qu'elle lance, à la surface des mers, un de ces énormes et superbes châteaux flottants, convie à une excursion initiale un groupe de bienheureux représentant, par la supériorité de leurs facultés et la diversité de leurs fonctions, l'élite de la société moderne. Qui n'a su et suivi les voyages d'inauguration de *la Touraine*, de *la Champagne?* Qui n'a lu, avec intérêt, les incidents et les détails de ces luxueuses pendaisons de crémaillères maritimes? Voyages délicieux au cours desquels se sont créé des relations aimables et des intimités fécondes... Je parle, par exemple, des peintres et des littérateurs, qui, ayant navigué ensemble ont, plus tard, dans un travail commun, marié leurs talents respectifs et raconté, chacun à sa façon, les phases de leur joyeuse et curieuse campagne. Ce genre de livres procure à leurs lecteurs, des instants exquis; en les feuilletant, point n'est besoin de grands efforts d'attention... Les vignettes corroborent le texte, et réciproquement; c'est pour les esprits paresseux un véritable régal et pour les voyageurs en chambre une adorable occasion de voir du pays !

La plus séduisante de ces relations — illustrée

par le crayon de mon ami Clairin — émane d'un écrivain inattendu... : Une toute jeune fille, fixant ses souvenirs, en un style achevé et sous une forme agréable, est une singularité — surtout lorsque, ainsi que dans le cas présent, cette jeune fille pourrait s'adonner aux passe-temps frivoles les plus coûteux, et vivre sa vie opulente et sûre, sans s'infliger la moindre corvée intellectuelle ou autre. Par le temps qui court, ce phénomène n'encombre point la circulation ! Le nombre de celles qui assiègent les magasins de nouveautés l'emporte sur le nombre des laborieuses qui préfèrent écrire leurs impressions. Mais je m'attarde et je reviens à ma brochure...

Qui eût pensé retrouver dans ces pages — griffonnées à la hâte par une main inexpérimentée — la précision et l'aimable simplicité qui distinguent les relations des explorateurs accrédités ?

Le sexe faible tient de ces surprises en réserve pour l'humiliation de l'autre, le sexe fort, le nôtre, celui qui fait ses humanités, bûche ses classiques, assiège les bibliothèques et se gave la cervelle d'une érudition encyclopédique. La jeune *authoress* de la « plaquette » dont je parle, ne s'est point, je suppose, farci l'intellect de grec et de latin... Elle n'a même point compulsé les indigestes traités de psychologie sentimentale et pâli sur les tomes de philosophie transcendante qui insufflent à la femme — dont ils affolent le *moi* — l'idée de troquer ses bas de soie rose contre des chaussettes de coton bleu ! Non ! Elle a, j'imagine, appris juste ce qu'il faut apprendre pour exprimer, exactement et en une langue facile et pure, ce qu'elle voit, ce qu'elle sent et ce qu'elle pense... Et elle l'a excellemment exprimé — tout en gardant la sincérité et le naturel dont la fusion aboutit à la grâce.

Il me faut ajouter que cette miss heureuse n'est point d'une origine quelconque. Les jolies veines bleues qui marbrent aristocratiquement ses épaules, les soirs de bal, contiennent un sang riche en globules d'exception... Et, bien qu'elle ne compte point d'hommes de lettres dans la série de ses ascendants, on y trouve des gens d'une valeur indiscutable. Sans remonter bien haut, l'auteur de ses jours n'est pas le premier venu. Ses aptitudes transportées du sol industriel sur le terrain politique s'y sont développées, épanouies et révélées au point que la France, qui ne fourmille point de « Capacités », lui a — par le vote de ses parlements — confié sa plus haute magistrature. Oui ! c'est Mlle Faure qui a rapporté — mieux qu'aucun plumitif ne l'eût fait — la tournée inaugurale du superbe paquebot *la Ville de Tunis*. Son père, à cette époque, n'était pas président de la République... Il n'avait pas encore la satisfaction de se sentir l'élu du peuple le plus spirituel du globe... mais il montrait déjà, à ses compagnons de route, qu'il est fier d'être le père de sa fille... Malgré les grandeurs survenues, je suis sûr qu'en son esprit et dans son cœur, cette fierté-là prime l'autre !

FIN

TABLE

Préface par André Theuriet..................................... VII

Avant-propos.. XVII

Autrefois... 1

Aujourd'hui... 65

5010. — L.-Imprim. réun., 8, rue Mignon, 2. — May et Motteroz, dir.

www.ingramcontent.com/pod-product-compliance
Lightning Source LLC
Chambersburg PA
CBHW072017150426
43194CB00008B/1142